Eva-Christiane Wetterer
Die Kunst der richtigen Entscheidung

EVA-CHRISTIANE
WETTERER

DIE KUNST DER RICHTIGEN ENTSCHEIDUNG

40 Methoden, die funktionieren

MURMANN

MURMANN SELBSTMANAGEMENT

Die Deutsche Bibliothek – CIP-Einheitsaufnahme
Ein Titelsatz für diese Publikation ist bei
der Deutschen Bibliothek erhältlich
ISBN 3-938017-23-6

1. Auflage März 2005

Copyright © 2005 by Murmann Verlag GmbH, Hamburg

Lektorat: Christian Weller, Hamburg
Umschlaggestaltung: Rothfos & Gabler, Hamburg
Herstellung und Gestaltung: Eberhard Delius, Berlin
Mit 18 Illustrationen von Gerhard Seyfried
Satz: Offizin Götz Gorissen, Berlin
Gesetzt aus der Minion
Druck und Bindung: Freiburger Graphische Betriebe, Freiburg
Printed in Germany

Besuchen Sie uns im Internet: www.murmann-verlag.de

Inhalt

Anhang

Die Kunst der richtigen Entscheidung

Die Gebrauchsinformation zum Buch

Wie viele Entscheidungen haben Sie heute schon getroffen? Zehn? Dreißig? Hundert? Jeder Tag beginnt ganz banal mit der Entscheidung aufzustehen und endet mit der Entscheidung, ins Bett zu gehen. Entscheidungen zu treffen, ist einerseits so selbstverständlich, dass man oft gar nicht groß überlegen muss. Andererseits ist es so schwer, dass erhöhter Stresspegel und schlaflose Nächte die Folge sind. Um diesen scheinbaren Widerspruch aufzulösen und den vielfältigen Entscheidungslagen des Lebens souverän zu begegnen – liegt *Die Kunst der richtigen Entscheidung* jetzt aufgeschlagen vor Ihnen!

Wirkstoff:
Entscheidungsmethodik, die funktioniert

Zusammensetzung:
40 Techniken
Sonstige Bestandteile:
weiterführende Informationen, Aphorismen und Orakel,
Anhang und Literaturtipps

Stoff und Indikationsgruppe:
Mit der Kunst der richtigen Entscheidung kann jede Entscheidungslage erfolgreich behandelt werden.

Darreichungsform und Inhalt:
Die Methoden werden jeweils auf einer Doppelseite angeboten. Die klassische Lektüre von 1 bis 40 ist ebenso möglich wie die gezielte problembezogene Auswahl. Denkanstöße können Sie sich jederzeit holen, indem Sie eine Methode per Zufallsprinzip durch Aufschlagen einer beliebigen Seite aussuchen. In der Methoden-Vielfalt findet sich ebenso akute Entscheidungshilfe wie Stoff zum Stöbern, Lesen und Staunen. Analytische Methoden stehen neben Orakeln, Worst-Case-Szenarien neben kreativer Denkmethodik, Nutzwert neben Zukunftsschau. Eine innovative Mischung – die neuesten Techniken und die Erfahrungswerte jahrtausendalter Orakelmethoden. Denn: Im Entscheidungs-

prozess sind Analyse und Intuition das Idealteam. Schon Max Grundig meinte: »Ich überlege. Mein Bauch entscheidet.«

Jede Doppelseite besteht aus der Beschreibung der Methode, einer Auflistung der inhaltlichen und praktischen Voraussetzungen zur Durchführung *(Tools)*, einer Step-by-Step-Erklärung *(Go)* samt Anwendungsbeispielen und dem Background mit weiterführenden Informationen, historischen Bezügen und Anekdoten. Ein I-Ging-Zeichen und ein Aphorismus geben bei Bedarf – nach dem Zufallsprinzip – zusätzliche Denkimpulse.

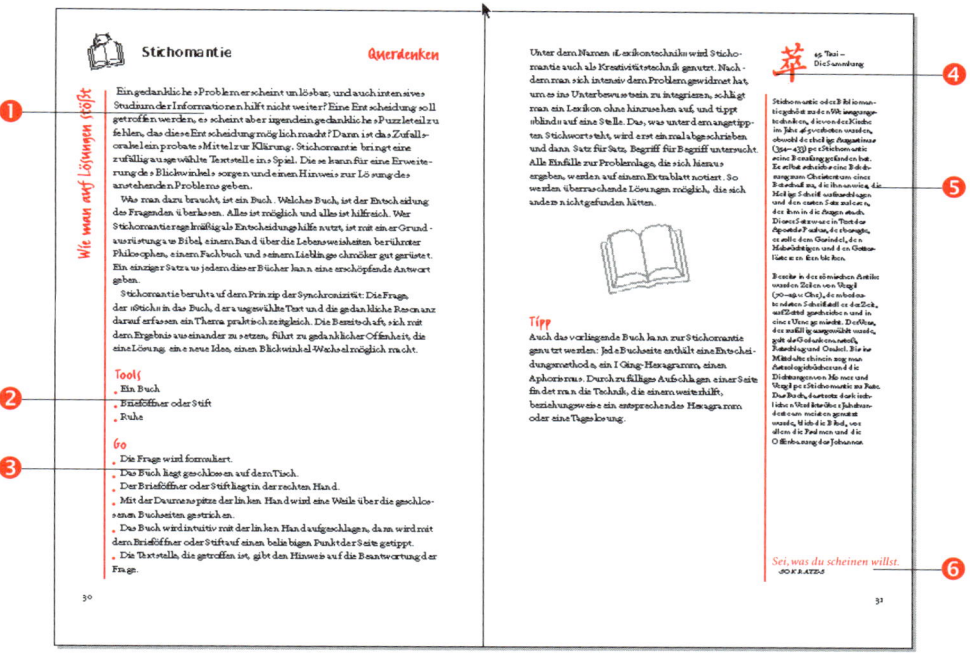

❶ Methode: Beschreibung und Einsatzmöglichkeiten
❷ Tools: Alle Voraussetzungen für die Anwendung
❸ Go: Step-by-Step-Erklärung mit Anwendungsbeispielen
❹ I-Ging-Symbol: als Zufallsorakel. Deutung im Anhang
❺ Background: Methoden-Erfinder, Infos und Anekdoten
❻ Aphorismen als Denkanstoß beim Blättern

Anwendungsgebiete:

Die Auswahl der richtigen Methode ist Ihre persönliche Entscheidung, passend zum Wirkstoff des Buches. Erfahrungsgemäß besonders effektiv sind:

bei der Entscheidung unter verschiedenen Alternativen
Entscheidungsmatrix, Gewichtete Entscheidungsmatrix, PMI, Entscheidungsbaum, Scoring-Methode, Kostenvergleich, Pendeln

um Klarheit zu schaffen
7 plusminus 2, Somatische Marker, Entscheidungsmatrix, Der Große Wurf, Wu Wei, CAF, Mind Mapping, PMI, Pendeln

für Prognosen
Portfolio-Methode, Würfeln, Worst Case, Entscheidungsbaum, Zahlenwerte

für Analysen
Scoring-Methode, SWOT-Analyse, Portfolio-Methode, Kostenvergleich, Medaillen-Methode

als Problemlöser
Mind-Mapping, PMI, Ishikawas Fischgräte, Fehlerbaum, Osborns Fragen, Stichomantie

um Krisen abzuwenden, Fehler zu vermeiden
Worst Case, Fehlerbaum, Paradox

bei Denk- und Entscheidungsblockaden sowie Tunnelblick
Sechs Denkhüte, Imaginationstechnik, The Work, Stichomantie, Wu Wei, Osborns Fragen, Münzwurf, I Ging, PMI, Mind-Mapping, Somatische Marker, Schau'n mer mal

bei der Wahl der besten Möglichkeit, des kleinsten Übels
PMI, Pareto-Prinzip, K.-o.-System, Entscheidungsmatrix, Medaillen-Methode, I Ging, Würfel, Fehlerbaum, Entscheidungsbaum, Gewichtete Entscheidungsmatrix, Münzwurf, Morphologische Matrix

vor und bei Kaufentscheid und Investitionen
Kostenvergleich, Entscheidungsmatrix, Gewichtete Entscheidungsmatrix,
K.-o.-System, Portfolio-Methode

zur Zeitentscheidung
Eisenhower-Prinzip, Pareto-Prinzip, Schau'n mer mal

zur Fehlersuche
Fehlerbaum, Ishikawas Fischgräte, The Day after

für neue Lösungen, neue Ideen, andere Sichtweisen
Sechs Denkhüte, Morphologische Matrix, Disneys Drei Stühle, Mind-
Mapping, Farbwahl, Imaginationstechnik, Osborns Fragen, Paradox, Sticho-
mantie

als Entscheidungs-Appetizer
Farbwahl, Zahlenwerte, Stichomantie, Imaginationstechnik, Kaffeesatzlesen,
I Ging

für Win-Win-Lagen
Harvard-Konzept

als Entscheidungs-Optimierer
Pareto-Prinzip, Somatische Marker, The Day after, Eisenhower-Prinzip, Sechs
Denkhüte, Osborns Fragen.

Die Kunst der richtigen Entscheidung kann für die unterschiedlichsten Fragestellungen eingesetzt werden, selbst bei der Entscheidung, sich nicht zu entscheiden, wenn das die beste Lösung ist. Die Wahl der Methode richtet sich
nach der Entscheidungslage, dem Mut, Neues auszuprobieren, und der Lust,
Entscheidungs-Profi zu werden.

58 Prozent aller berufstätigen Menschen jeder Hierarchiestufe haben Um-
fragen zufolge Angst davor, Fehler zu machen. Allein der irrationale Wunsch,
100 Prozent richtig, gewinnbringend und erfolgreich zu entscheiden oder zu
handeln, ist ein Entscheidungs-Killer erster Güte. Das in amerikanischen
Unternehmen propagierte »Celebrate your mistakes« wertet Fehler als wert-
vollen Entscheidungs-Coach und unverzichtbares Kriterium, was beim nächsten Schritt verbessert werden kann.

Wichtiger, als keine Fehler zu machen, ist es, entscheidende Fehler zu erkennen und zu vermeiden. Die Kunst der richtigen Entscheidung besteht darin, der jeweiligen Situation angemessen zu handeln. Das bedeutet, die Auswirkungen der eigenen Entscheidungen immer wieder kritisch zu überprüfen und eventuell auch: eine zuvor getroffene Wahl als falsch zu erkennen und zurückzunehmen.

Dosierungsanleitung:

Überdosierungen sind ausgeschlossen. Ausnahmen: Münzwurf, Würfel und I Ging sollten bei der Entscheidung sparsam eingesetzt werden. Die erste Antwort gilt, jede weitere Befragung verwässert die Aussage.

Gegenanzeigen:

Überempfindlichkeiten gegen *Die Kunst der richtigen Entscheidung* sind nicht bekannt, bestehende Empfindlichkeiten gegenüber Entscheidungen lösen sich bei konsequenter Anwendung der Methoden auf.

Vorsichtsmaßnahmen für die Anwendung und Warnhinweise:

Es ist gut zu wissen, worüber man sich den Kopf zerbricht, wofür Meetings anberaumt werden, warum man sich durch Informationsberge arbeitet, Mitarbeiter als Scouts einsetzt, Familienkonferenzen einberuft und debattiert. Die Themen sollten deutlich eingegrenzt, die Probleme definiert und die Ziele eindeutig und schriftlich formuliert werden. Ist die Frage klar, die Zielgerade im Blick, fällt die Entscheidung wesentlich leichter.

Methoden, die nicht ausprobiert werden, können nicht wirken. Intuition, die nicht eingesetzt wird, hat kein Gewicht. Analysen, die nie gemacht werden, bringen keinen Aufschluss. Und Würfel, die nie fallen, geben keinen Rat... Die Kunst der richtigen Entscheidung ist auch eine Frage der Anwendung und des Trainings.

Nebenwirkungen:

Sie werden erfolgreicher entscheiden, Spaß haben, drei Münzen in die Schreibtischschublade legen, querdenken – und über das nächste Aktienpaket vielleicht mit Dartpfeilen entscheiden.

Suchtgefahr ist möglich. Schädliche Nebenwirkungen konnten jedoch nicht nachgewiesen werden. Ein Nachfolgeband ist in Arbeit.

DIE METHODEN

Widerstände und verdeckte Probleme werden bei Entscheidungsprozessen oft unterschätzt. Ungewollt lehnt man Unterstützung ab
und schließt kreative Quantensprünge von vorneherein aus.
So agieren Pessimisten naturgemäß eher defensiv, emotionale Entscheider stehen rationalen Aspekten nicht sonderlich aufgeschlossen
gegenüber. Die Methode der Sechs Denkhüte hilft effektiv, Entscheidungen aus verschiedenen Perspektiven zu betrachten. Jeder
Standpunkt hat seine eigenen Potenziale, und hier werden sie im
wahrsten Sinne des Wortes »unter einen Hut« gebracht.

Die Denkhüte stehen für sechs typische Blickwinkel. Ihr Zusammenspiel
verhindert, dass wichtige Emotionen oder scheinbar unwichtige Argumente
beiseite geschoben werden. So entsteht Klarheit und Transparenz als Basis für
eindeutige und fundierte Entscheidungen. Besonders effektiv ist diese
Methode, wenn Menschen mit unterschiedlichen Denkstilen und Ansichten
diskutieren. Konfrontationen werden vermieden und kontroverse Blickwinkel respektiert.

Tools

- Sechs Hüte, Farbkarten oder Bänder in den Farben:
  Rot, Weiß, Schwarz, Blau, Gelb und Grün
- Papier und Stift für Notizen
- Ein Farbwürfel, falls vorhanden
- 60 bis 90 Minuten Zeit

Go

- Das Problem wird klar definiert.
- Per Zufallsprinzip oder Farbwürfel werden die Hüte, die Farbkarten oder
farbige Symbole verteilt.
- Jeder Teilnehmer hält sich strikt an die durch die Farbe vorgegebene Sicht-
weise. Er kann unterbrochen werden, wenn die Denkrichtung verlassen
wird.
- Der blaue Hut steht für Prozesskontrolle, er ist meist der Vorsitzende des
Teams. Bei stockendem Verlauf sorgt er für mehr kreativen Input, für Unter-
stützungsmaßnahmen oder für Kritikpunkte, indem er die entsprechenden
Denkrichtungen (Hüte) vorschlägt oder erneut abfragt.
- Zunächst beginnt der Teilnehmer mit dem weißen Hut. Danach tragen der

rote, der schwarze, der gelbe, der grüne und schließlich der blaue Hut ihre Standpunkte vor.
- Sind die Teilnehmer rhetorisch unterschiedlich
stark, sollten die Hüte in einer zweiten Runde neu
vergeben werden.
- In einer vom blauen Hut moderierten Schluss-
runde werden die aus den verschiedenen Blickwin-
keln gewonnenen Erkenntnisse zusammengefasst.

Die sechs Standpunkte

Neutralität – Der weiße Hut steht für Informationen, Zahlen, Daten und Fakten, er ist sachlich neutral
und objektiv. Hier wird das Material analysiert, in
Frage gestellt, werden Lücken aufgezeigt, historische
Verläufe, Trends und Prognosen betrachtet.

Intuition und Gefühl – Der rote Hut symbolisiert
Emotionen, Eingebungen, »Feuer und Flamme«.
Unter diesem Hut werden Probleme emotional
angegangen, Argumente und Reaktionen von außen
»aus dem Bauch heraus« geprüft.

Unangenehme Konsequenzen – Der schwarze Hut
steht für Gefahren, Schwierigkeiten und Probleme,
Negation und Pessimismus. Er hilft, Fehler zu vermeiden und Stabilisierungsmaßnahmen zu entwickeln.

Optimismus – Der gelbe Hut sieht und sucht
Vorteile und Chancen. Er ist positiv, macht Mut, und
setzt auf Durchhalten und Weitermachen.

Wandlung und Wankelmut – Der grüne Hut steht
für Kreativität. Hier werden Ideen gesammelt, es
wird quer gedacht und nach Alternativen gesucht.
Kritik hat hier keinen Raum, nichts wird fixiert oder
entscheidungsreif gemacht.

Kühle Distanz – Der blaue Hut zeigt die Meta-
ebene, er symbolisiert Überblick und konstruktive
Auseinandersetzung. Zwischenergebnisse werden
ernst genommen und festgehalten, die nächsten
Schritte geplant, es herrscht Klarheit und Sachlichkeit. Unter dem blauen Hut wird das bisher Geleistete
beachtet.

13. Tung Jen –
Gemeinschaft mit Menschen

Edward de Bono (geboren 1933),
Arzt, Psychologe und Autor von
56 Büchern, ist einer der weltweit erfolgreichsten Vordenker
für Entscheidungsprozesse und
Kreativitätssteigerung. Von ihm
stammt der Begriff »laterales
Denken«, dessen Leitsatz lautet:
»You cannot dig a hole in a
different place by digging the
same hole deeper.« Laterales
Denken ist provokativ,
richtungsuchend, nicht
unbedingt in jedem Schritt
logisch, legt sich nicht fest,
erforscht auch den unwahr-
scheinlichsten Weg, lässt alles
zu. Laterales Denken ist »um
die Ecke denken«, es schafft
eine Neuordnung bestehender
Informationsmuster. Denn:
Die vorzeitige Festlegung auf
bekannte Denkeinheiten
minimiert Chancen. »Vertikales
Denken« dagegen ist selektiv,
analytisch und folgerichtig,
schließt alles vermeintlich
Belanglose aus, klassifiziert,
legt Benchmarks fest und
schlägt meist den vertrauten
Weg ein.

De Bonos Wissen um die »neu-
ralen Netzwerke im Hirn« hat
weltweit die Methodik des
Denkens beeinflusst. De Bono
hat die Sechs Denkhüte entwickelt, um Teams zu Transparenz und Einstimmigkeit zu
verhelfen.

*Um Erfolg zu haben, musst
du den Standpunkt des
anderen annehmen und die
Dinge mit seinen Augen
betrachten.*

HENRY FORD

Wie man eine Win-Win-Lage schafft

Wer verhandelt, strebt tragfähige Lösungen an, in den meisten Fällen will er für sich Vorteile sichern. In der Realität scheitert der Versuch, die unterschiedlichen Vorstellungen unter einen Hut zu bringen, oft an mangelnder Verhandlungskompetenz. Neben dem harten Weg, eine Entscheidung durchzudrücken, die nur für einen der Beteiligten stimmig ist, oder einem weichen Kompromiss, bei dem für beide nicht das Optimum herausspringt, gibt es den dritten Weg des Harvard-Konzepts: Hart in der Sache, sanft im Umgang! Diese Strategie führt, wenn man sie beherrscht, zu einer Win-Win-Lage für beide Parteien.

Wie das Harvard-Konzept funktioniert, zeigt das Orangen-Beispiel: Zwei Mädchen streiten sich um eine Orange, und weil die Geschäfte geschlossen haben, kann keine zweite besorgt werden. Beide Mädchen bestehen auf ihrer Forderung: »Ich will die Orange haben!« Da die Mutter weder endlosen Streit möchte noch eine Münze werfen oder die Frucht einfach in zwei Teile teilen, fragt sie: »Warum wollt ihr die Orange unbedingt?« Kara will einen Kuchen backen und braucht nur die Orangenschale. Lina hat Durst und möchte den Orangensaft. Sie braucht keine Schale. Die Lösung liegt jetzt klar auf der Hand und verhilft beiden zu ihrem Recht: Die Schale geht an Kara, der Saft an Lina.

Tools

- Offenheit
- Bereitschaft, für ein entspanntes Verhandlungsklima zu sorgen
- »Türöffner« für den Gesprächspartner
- Ein vorher festgelegter Zeitrahmen erhöht die Konzentration der Teilnehmer.

Go

- Zu Beginn der Diskussion oder Verhandlung wird das Thema noch einmal sachbezogen formuliert.
- Dann wird nach den Grundsätzen des Harvard-Prinzips verhandelt.
- Dabei werden Mensch und Problem getrennt.
- Keine der Parteien schießt sich auf das Gegenüber ein.
- Die Interessen werden abgewogen.
- Es werden Warum-Fragen gestellt, um die unterschiedlichen Interessen zu klären.
- Es werden Optionen gesucht und Lösungsmöglichkeiten gesammelt.

- Es werden Beweise gesucht und objektive Kriterien vorgelegt.
- Es wird aktiv zugehört und dem anderen Wertschätzung und Raum gegeben.
- Ist der Verhandlungspartner verschlossen, werden »Türöffner« eingesetzt: Nonverbal durch Nicken, Blickkontakt, Schweigen und Zuwendung. Oder durch Äußerungen wie: Ich möchte Dich gern verstehen! Sag mir noch mehr! Habe ich Dich verstanden? Das ist ein guter Vorschlag!
- Das Verhandlungsergebnis entsteht, indem beide Parteien Verständnis für die Sachlage der anderen Seite bekommen und offen an einer Lösung arbeiten. Die Entscheidung fällt, wenn das Ergebnis für beide optimal ist und nicht nur für eine Seite Gewinn bringt.

Die Eckpfeiler für das Gelingen einer Win-Win-Lage:

Mensch
Die Trennung von Sache und Beziehung, indem Probleme und Menschen unterschieden werden.

Interessen
Das Erkennen der wechselseitigen Interessen. Diese Interessen stehen im Mittelpunkt und nicht die Positionen.

Möglichkeiten
Es werden Entscheidungsalternativen gesucht, damit unterschiedliche Wahlmöglichkeiten bestehen.

Kriterien
Das Ergebnis beruht auf objektiven Kriterien.

Merke

Den anderen verstehen, heißt nicht automatisch, mit allem einverstanden zu sein! Verstehen ist die Voraussetzung für eine optimale Lösung.

46. Schong – Das Empordringen

Roger Fisher (geboren 1922), Professor für Rechtswissenschaft, leitete in den 1970er Jahren das Harvard Negotiation Project. Zielsetzung war, Methoden und Strategien zu entwickeln, um bei Verhandlungen festgefahrene Positionen zu überwinden und auch vertrackte Situationen zu bewältigen. Die Studien und Ergebnisse bezogen sich genauso auf Alltagsprobleme in betrieblichen oder familiären Konflikten wie auf hochkarätige Verhandlungen in Wirtschaft und Politik. Die Nahost-Friedensverhandlungen in Camp David 1978 wurden nach einem Verfahren des Harvard-Projektes geführt. Der interdisziplinäre Forschungsbereich wird nach wie vor in Harvard weitergeführt.

Fishers 1981 veröffentlichtes Buch *Das Harvard-Konzept. Sachgerecht verhandeln, erfolgreich verhandeln* wurde in den USA zum Bestseller und gehört noch heute zu den Klassikern zum Thema Verhandlungskompetenz.

Ich überlege.
Mein Bauch entscheidet.
MAX GRUNDIG

In manchen Situationen kann trotz gründlicher Prüfung aller Optionen keine Entscheidung gefällt werden. Scheinbar gleichwertige Ergebnisse versperren eine eindeutige Sicht. Das Patt kann rational oft nicht durchbrochen werden. Nun geht es darum, die bisher zusammengetragenen Kriterien zu ergänzen. Diese Erweiterung besteht im Zugriff auf das intuitive Wissen, denn im Grunde weiß jeder, welcher Weg der richtige sein wird. Die Münze hilft dabei, dieses Wissen offen zu legen. Der Zufallskick offenbart die bereits unbewusst getroffene, aber noch verdeckte Wahl.

Die Anwendung ist schnell und unkompliziert. Die Technik eignet sich für berufliche wie private Angelegenheiten, für emotionale wie sachliche Fragen, die einem als scheinbar gleichwertige Alternativen entgegentreten.

Tools

• Eine Münze

Go

• Das Problem wird in zwei Alternativen formuliert.
• Die Münze wird in die linke Hand genommen.
• Es wird entschieden, welche Münzseite Entscheidung A repräsentiert und welche Seite Entscheidung B.
• Die Hände werden über der Münze geschlossen.
• Die Konzentration richtet sich auf das bestmögliche Ergebnis.
• Die Münze wird geschüttelt.
• Der Münzwurf erfolgt spontan.
• Das Ergebnis steht fest!
• Entscheidend ist das Gefühl, das beim Aufdecken deutlich spürbar wird. Freude über das Resultat schafft Eindeutigkeit für diesen Weg. Enttäuschung zeigt an, dass der andere Weg der unbewusst bereits gewählte ist.
• Eindeutigkeit ist hergestellt, es kann gehandelt werden!

Warnung

Die Münze sollte nicht mehrfach zu einer Frage geworfen werden – das verwässert das Ergebnis! Dann würde die Wahrscheinlichkeitsrechnung greifen, und die hat eine völlig andere Grundlage als die spontane Abfrage des Unterbewussten.

Buridans Esel

Der Scholastiker Johannes Buridan (um 1300) hat am Gleichnis des Esels, der sich zwischen zwei gleich großen Heuhaufen nicht entscheiden kann und verhungert, die Wechselbeziehung von Wille und Verstand auf den Punkt gebracht: Kommt der Verstand zu dem Entschluss, dass zwei Möglichkeiten gleichwertig sind, wird der Wille außer Kraft gesetzt. Buridans Esel ist seitdem ein Synonym für die Entscheidungsunfähigkeit bei scheinbarer Chancengleichheit.

… und Buridans andere Seite

Die drei Schwägerinnen des französischen Königs Philipp des Schönen (1285–1314) widmeten sich ausgiebig ihrem Liebesleben, während ihre Gatten auf der Jagd waren. Tag für Tag begutachteten sie die an den Schlossfenstern vorbeiflanierenden jungen Männer und riefen die, die ihnen gefielen, zu sich. Die Auserwählten folgten dem Ruf entzückt, denn die Damen waren außerordentlich reizvoll. Nach der rauschenden Liebesnacht allerdings ließen die königlichen Verführerinnen die Jünglinge in die Seine werfen und hielten ungerührt Ausschau nach neuen Abenteuern. Von einem Studenten namens Buridan heißt es, dass er sich nicht entschließen konnte, welcher der schönen Frauen er den Vorzug geben wollte. Er soll so als Einziger dem sicheren Tod entgangen sein.

20. Guan –
Die Betrachtung

Auch Dante (1265–1321) vermutete in seiner *Divina Commedia*: »Zwischen zwei Speisen, lockend und entfernt, auf gleiche Weise, stürb man eher Hungers, als daß man eine frei zum Munde führte.«

Seit es Münzen gibt, also seit etwa 1000 v. Chr., ist der Münzwurf unparteiischer Entscheidungsgehilfe. Schon im alten Rom wurde, wie heute beim Fußball, eine Münze geworfen, um den Mannschaften die Spielfeldseiten zuzuweisen. »Dies et Nox« war ein Fangspiel, bei dem der Schiedsrichter-Seitenentscheid per Münzwurf erstmals dokumentiert ist. Die Qualität des »Unparteiischen«, die diesem Zufallsprinzip zugeordnet wird, hat das Münzwerfen seither zu einer Entscheidungshilfe in allen Lebenslagen gemacht.

Du kannst nicht zweimal in denselben Fluss steigen.
HERAKLIT

Osborns Fragen

Wie man Bewährtes generalüberholt

Wenn Meetings keine Ergebnisse erzielen, ewige Denkschleifen gedreht werden und man nicht zu einer Entscheidung kommt, dann ist es Zeit für einen anderen Blick auf die bekannte Lage. Einwände wie »Technisch ist das Produkt gut, aber …«, »Der Markt ist bereits übersättigt …« sind reif für Osborns Methode, neu zu denken.

Alex Osborn entwickelte seine Methode ursprünglich zur Optimierung bereits laufender Prozesse, zum Beispiel zur Überarbeitung und Verbesserung im Markt befindlicher Produkte. Er fragte: Was können wir ändern? Machen wir es größer, kleiner, farbiger? Mit Geruch, Klang oder neuen Features? Wird es billiger, teurer, oder verschenken wir es? Lässt es sich kombinieren? Bewährt haben sich seine horizonterweiternden Checkpunkte auch in Entscheidungsprozessen, denen es noch an Synergien oder an Feinschliff fehlt. Sie eignen sich für Team- und Einzelsitzungen gleichermaßen.

Tools
- Großformatiges Papier, Flipboard oder Whiteboard
- Stifte
- 60 Minuten Zeit
- Osborns Checkliste (siehe gegenüberliegende Seite) wird plakativ auf Papier oder Board geschrieben.

Go
- Das Thema wird klar formuliert und über die Checkliste geschrieben. Die Suche nach neuen Ideen ist ebenso möglich wie die Verbesserung bestehender Angebote. Brainstorming-Sitzungen können nachbereitet und fixierte Positionen gelockert werden.
- Osborns Fragen werden Punkt für Punkt durchgearbeitet.
- Alle Ideen und Möglichkeiten werden notiert.
- Am Ende der Sitzung werden die neu gefundenen Möglichkeiten zusammenfasst. Dieser Extrakt bildet die Entscheidungsgrundlage für das weitere Vorgehen.
- Wird keine Klarheit erzielt, kann die Sitzung zu einem anderen Zeitpunkt oder mit einem anderen Team wiederholt werden.

Die Checkliste:

Put to other uses? – *Das Tor verschieben oder den Torwart auswechseln:*
Wie kann dieses Produkt, der Plan, die Idee, die Struktur anders genutzt werden?

Adapt? – *Flexibilität zeigen, Variationen finden:*
Was ähnelt dieser Idee, diesem Produkt, diesem Problem? Welche Parallelen gibt es? Was kann übernommen werden?

Modify? – *Grenzen verschieben, Definitionen überarbeiten:*
Was kann geändert werden?

Magnify? – *Die magische Performance: höher, schneller, weiter.*
Was kann vergrößert werden: Länge, Höhe, Preis, Häufigkeit, Wert, Menge?

Minify? – *Purismus oder die Kunst des Weglassens:*
Was kann verkleinert werden: Kosten, Größe, Ausstattung, Umfang?

Substitute? – *Den zweieiigen Zwilling finden:*
Was kann ausgetauscht, was ersetzt werden? Was ist genauso, aber doch ganz anders?

Rearrange? – *Das Kaleidoskop drehen:*
Was kann umgestellt werden: Ursache und Wirkung, Reihenfolge, Maße, Pläne?

Reverse? – *Der Kopfstand:*
Was kann umgekehrt werden? Was ist das Gegenteil, was ist spiegelverkehrt?

Combine? – *Die Alchimie des Ganzen: die neue Mischung.*
Was kann transformiert werden?

明 夷

36. Ming I –
Die Verfinsterung des Lichts

Der Amerikaner Alex Osborn (1888–1966), Reporter, Werbefachmann und Mitbegründer der Werbeagentur BBDO, gilt als »Vater des Brainstorming«. Er hat diese Technik weltweit in die Unternehmenskultur eingebracht. Bereits in den 1930er Jahren hat Osborn Ansätze entwickelt, um gedankliche Grenzen und Blockaden abzubauen. Er griff dabei auf die indische Tradition des *Prai-Barshana* zurück: Seit mehreren Hundert Jahren wird das »Fragen aus dem Inneren« von Hindu-Lehrern praktiziert, um dem linearen Denken eine weitere Dimension hinzuzufügen. Das vernetzte Denken befreit aus den eingefahrenen Gedankenschleifen und deckt Scheinlösungen auf, die der Komplexität vieler Themen nicht gerecht werden.

William J. J. Gordon entwickelte 1967 eine dem Brainstorming verwandte Methode, Synectics (aus dem Griechischen: sich widersprechende, irrelevante Dinge zusammenbringen). Auch diese Methode geht von der Annahme aus, dass man »irrationale« emotionale Elemente fördern muss, um die Wahrscheinlichkeit einer Problemlösung zu erhöhen. »Das Fremde vertraut machen, das Vertraute verfremden« ist das Motto zu Beginn jeder Synectic-Sitzung.

Ein Ziel ist ein Traum mit Termin.

GRAFFITO

23

Portfolio-Methode

Wie die Relation von Risiko und Gewinn optimiert wird

Bei strategischen Entscheidungen, bei Fragen zu Struktur und Funktionsweise eines Unternehmens, bei zielorientierten Lösungen in Bezug auf unrentable Geschäftsbereiche ist es die Portfolio-Methode, die Klarheit schafft. Keine Technik zeigt komplexe Zusammenhänge in einem betriebswirtschaftlichen Umfeld so umfassend und effektiv. Die anschauliche Matrix deckt unmittelbar auf, wo Positionen gehalten und ausgebaut werden sollten, was liquidiert werden muss und wo Nischen gesucht werden können, die künftig Erträge bringen.

Vor allem finanzielle und strategische Entscheidungen können gut mit der Portfolio-Methode vorbereitet werden. Zum Beispiel wer der momentan wichtigste Kunde im Kundenstamm ist und wie das in Zukunft aussehen wird. Die Methode kann für viele Lebensbereiche adaptiert werden, die durch persönlichen Einsatz, Risiken und Visionen gekennzeichnet sind.

Tools

- Tabellenkalkulationsprogramm
- oder Papier, Lineal und Stifte
- Alle Zahlen und Analysen, die für die Entscheidung relevant sind
- Die Einteilung des Unternehmens in strategische Geschäftseinheiten (SGE) erleichtert die abgegrenzte Analyse.
- Ein bewährtes Koordinatensystem hat die Boston Consulting Group entworfen. Hier lässt sich ablesen, wer die *Stars* sind, was mit den *Poor Dogs* geschehen soll und dass *Cash Cows* trotz eventuell sinkender Nachfrage die Geldlieferanten für die *Risks* und die *Stars* darstellen.

Go

- Die Vier-Felder-Matrix wird erstellt.
- Die Merkmale des Marktes und die Geschäftsfelder (im Investitionsbereich analog dazu die Anlagewerte und Renditen) sind in Zahlenwerten vorhanden und werden in das zweiachsige Koordinatensystem eingetragen.
- Die Umsatzpotenziale oder Ergebnisse werden als Kreisflächen in die Matrix eingetragen. Die strategischen Handlungsempfehlungen für jede Position der Matrix lassen sich aus der Normstrategie ableiten.

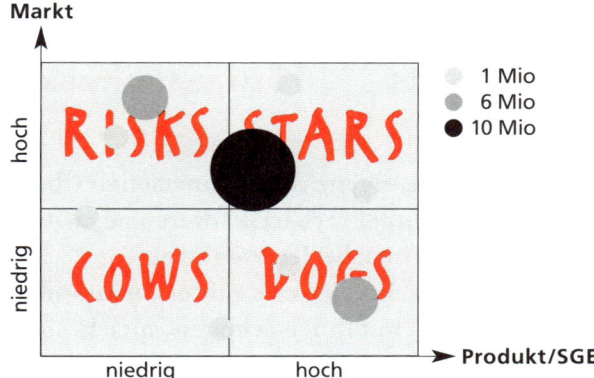

Markt

hoch / niedrig

○ 1 Mio
◔ 6 Mio
● 10 Mio

R!SKS STARS

COWS DOGS

niedrig / hoch → Produkt/SGE

Die einzelnen Felder und Normstrategien

Risks – Hier stehen die Einheiten, die einen relativ geringen Anteil in einem Markt haben, der ein potenziell hohes Wachstum verspricht. Momentan sind die Ausgaben zu hoch und die Einnahmen zu gering. Die Risks sind die Hoffnung des Unternehmens oder Investors auf die Zukunft. Die Normstrategie ist, hier den Marktanteil deutlich zu steigern, um den Bereich zum Star werden zu lassen.

Stars – Ein Star zeichnet sich durch hohen Marktanteil in einem Wachstumsmarkt aus. Hier ist der Cash Flow bereits in den schwarzen Zahlen. Die Normstrategie empfiehlt, diesen Marktanteil zu halten und leicht auszubauen.

Cash Cows – Durch geringe laufende Kosten kann hier trotz sinkender Nachfrage aufgrund der Umsatzgröße Gewinn erzielt werden. Die Einnahmen sind deutlich höher als die Ausgaben. Die Milchkühe sind der Geldgarant für Risks und Stars. Die Normstrategie heißt hier: Jede Rationalisierungsmaßnahme wahrnehmen, um durch Kostensenkung die Gewinnspanne zu erhöhen.

Poor Dogs – Einheiten, die einen niedrigen Marktanteil haben oder am Ende ihres Produktlebenszyklus angekommen sind, tendieren in Richtung rote Zahlen. Die Normstrategie: den Marktanteil noch weiter verringern oder die Geschäftseinheit verkaufen.

22. Bi –
Die Anmut

Harry M. Markowitz (geboren 1927 in Chicago) hat die Portfolio-Methode ursprünglich entwickelt, um Investoren die optimale Zusammensetzung ihres Wertpapier-Portefeuilles zu ermöglichen. Die Bewertung nach Ertragskraft und Risiko wurde später auch auf die strategische Unternehmensführung übertragen. Markowitz erhielt für seine Arbeiten an der Portfolio-Theorie 1990 den Nobelpreis für Wirtschaftswissenschaften. Der Theorie zufolge ist die optimale Zusammensetzung eines Portfolios dann erreicht, wenn die höchstmögliche Rendite bei dem höchstmöglichen vertretbaren Risikograd erzielt wird. Markowitz gelang es, den Nachweis über die positive Auswirkung der Streuung der angelegten Gelder über mehrere Anlageobjekte zu erbringen. Eine Grundregel, die heute jeder Investor und Anlageberater selbstverständlich berücksichtigt.

Der US-Senator Thomas McIntyre (1915–1992) setzte bei einer Debatte über die Wertpapiergesetzgebung auf das Zufallsprinzip. Er heftete das *Wall Street Journal* an die Wand und zielte mit Dart-Pfeilen auf die Aktienkurse. Die getroffenen Aktien erzielten exzellente Ergebnisse. Bei einem darauf veranstalteten Test *Dart-Werfer gegen Investmentmanager* gelang den Profis ein Plus von 12 Prozent, die Dartwerfer kamen auf 38 Prozent.

Sich nicht zu entscheiden ist auch eine Entscheidung.

TIPHERETH

CAF – Consider all Facts   Bestandsaufnahme

In Entscheidungsphasen ist es wichtig, eigene Vorstellungen und Überzeugungen in Frage zu stellen. Manchmal verbarrikadieren negative Glaubenssätze oder unrealistische Wünsche den Weg zu einer vernünftigen Lösung. Da ist es hilfreich, relevante Fakten zu sammeln und dann so aufzubereiten, dass man mit ihnen arbeiten, sprich, sie als Entscheidungsgrundlage verwenden kann. Will man Entscheidungen mit Umsicht fällen, Denkblockaden umgehen oder Denkhülsen knacken, ist nach wie vor die gute alte Liste ein bewährtes Mittel.

Eine praxiserprobte Variante stammt von dem Business-Trainer Edward de Bono. Als einfachste Art, Entscheidungskriterien zu visualisieren, bezeichnet er seine Methode CAF (*Consider all Facts*: Erwäge alle Fakten) und rät, dies schriftlich zu tun. CAF ist gleichermaßen geeignet für den Autokauf, die finanzielle Investition, den Schulwechsel des Kindes, den neuen Job oder ein berufliches Problem.

Tools

- Papier, Stifte
- alternativ: eine am PC erstellte Tabelle

Go

- Das Problem wird formuliert. Beispiel: Sollte ich kündigen trotz unsicherer wirtschaftlicher Lage? Oder: Was ist beim Autokauf zu bedenken?
- Die dreispaltige Tabelle wird gezeichnet.
- Die linke Spalte steht für die ungeordnete Faktensammlung, die mittlere für die Ordnung nach Prioritäten, die rechte lässt Raum für Notizen.
- Alle Faktoren werden in der linken Spalte aufgelistet.
- Ist die Sammlung komplett, werden die Faktoren gewichtet. Die Wertungen trägt man in die Prioritäten-Spalte ein: I steht für die Top-Komponenten, gefolgt von II für die Mittellage und III für die Schlusslichter. Diese Auflistung und die Gewichtung der Faktenlage schafft Klarheit.
- Die Notizen in der dritten Spalte enthalten alle weiterführenden Verlinkungen, Informationen und Ideen, die zum Thema beitragen. Sie können nach und nach in die Liste aufgenommen werden, wenn sich neue Fakten ergeben.
- In der praktischen Umsetzung dient CAF gleichzeitig als Checkliste, die Punkt für Punkt abgearbeitet wird.

Beispiel Schulentscheidung: Gesamtschule oder Gymnasium

Faktensammlung	Prioritäten	Notizen
Schullaufbahn-Empfehlung der Schule	I Wunsch des Kindes	
Wunsch des Kindes	I Schulkonzept	
Probeunterricht	I Klassenlehrer-Empfehlung	Gibt es Probeunterricht? Termine?
Hausaufgabenhilfen	I Schulwahl der Freunde	… Hausaufgabenhilfen?
Schulweg	I Unterrichtsschwerpunkte	Bei Ernst anrufen!! Sport-Abi??
Freunde: Wer geht in welche Schule?	II Schullaufbahn-Empfehlung	
Lernbereitschaft und Konzentrationsfähigkeit	II Lern- und Konzentrationsfähigkeit	
Gezielte Förderung der Kinder?	II Schulweg	Förderung: am Tag der Offenen Tür fragen!
Ganztagsschule	II Was wünsche ich mir für mein Kind?	
Unterrichtsschwerpunkte der Schule	II	
Was wünsche ich mir für mein Kind?	III Ganztagsschule	
Schulranking	III	Schul-Rankingliste: per Google suchen!
Image der Schule	III	
Persönliche Empfehlung des Klassenlehrers	III	
Pädagogisches Schulkonzept	III	Schüleraustausch? Isabelles Tochter fragen!

43. Guai – Der Durchbruch

»Unser Wissen kommt aus der Vergangenheit, unsere Entscheidungen betreffen die Zukunft. Wir müssen lernen zu erfinden, was sein kann!«, sagt der Denkexperte, Mediziner und Psychologe Edward de Bono (geboren 1933 in Malta). Er hat neben CAF unter anderem auch die Methoden Sechs Denkhüte und PMI entwickelt und weltweit verbreitet. De Bono arbeitet für Unternehmen wie IBM, Du Pont, Shell, Nokia, Motorola, NTT, British Telecom, GM, Ford und Siemens. In diesen Unternehmen hat er neue Problemlösungsstrategien publik gemacht, und CAF ist eine seiner Basistechniken. Die mit seiner »Denke« erzielten Erfolge sind legendär: Der kanadische Konzern MDS geht davon aus, dass er durch de Bonos »laterales Denken« 20 Millionen Dollar gespart hat, während Siemens die Produktentwicklungskosten um etwa 50 Prozent minimieren konnte, seit man sich den neuen Denkmethoden verschrieben hat.

Manchmal muss man einfach ein Risiko eingehen – und seine Fehler unterwegs korrigieren.

LEE IACOCCA

Wie aus gedankenfluten Denkeinheiten werden

Manchmal werden Entscheidungsprozesse zu Analyseschlachten, die vom Kern der Sache immer weiter wegführen. Wenn der Erkenntnisgewinn in keiner Relation mehr zum Analysewert steht, ist es Zeit für Reduktion statt Konfusion. 7 plusminus 2 ist der Weg zurück zur Entscheidungsfähigkeit. Spielen zu viele Faktoren eine Rolle, bleibt der Durchblick auf der Strecke. Etwa eine Million Denkimpulse bekommt das menschliche Gehirn Tag für Tag, etwa Zwei^{10} Milliarden Informationen kann es speichern. Allein um diese Zahl auszuschreiben, braucht ein Mensch etwa 90 Jahre, vorausgesetzt, er schreibt jede Sekunde eine Null.

G. A. Miller hat nachgewiesen, dass die Grenze der simultanen Denkkapazität bei sieben Informationen (plusminus 2) liegt. Alles, was über diese Miller'sche Zahl hinausgeht, wird vom menschlichen Gehirn nicht mehr mit einem Mal angemessen erfasst. Verzettelung und gedankliche Zersplitterung lassen sich vermeiden, indem man eine XXL-Entscheidung so lange in Siebenerschritte (plusminus 2) zerlegt, bis die Komplexität auf ein erfassbares Maß reduziert ist. Das Arbeitsgedächtnis funktioniert zuverlässig, solange man sinnvolle Einheiten bildet, die in der Kognitivwissenschaft *chunks* (englisch: Klotz, Stück) genannt werden. Die Organisation dieser *chunks*, also das Reduzieren auf spezifische, konkrete Siebenermodule (plusminus 2), ist die angemessene Strategie bei allen komplexen Fragestellungen und langfristigen Zielen.

Tools

• Papier und Stift

Go

• Alle Aspekte, die zur Entscheidung oder Klärung beitragen, werden gelistet. Beispielsweise: Welche Ziele möchte ich beruflich verwirklichen? Oder: Wie kann ich den bevorstehenden Umzug und die Wohnungsauflösung möglichst reibungslos organisieren?

• Das kann in Form einer einfachen Liste geschehen oder auch in Form eines Mind-Maps (siehe Seite 48/49).

• Es werden Siebenergruppen (plusminus 2) gebildet, bis alle Punkte eingeordnet sind. Hierbei entsteht einerseits Struktur, andererseits konkretisieren sich Themenfelder.

- Jedes Siebenermodul (plusminus 2) wird separat betrachtet, bewertet und entschieden.
- Durch diese schrittweise Reduktion entsteht gedankliche Übersichtlichkeit.
- Die Aspektliste wird so lange reduziert, bis die letzte Fassung einer Entscheidungsvorlage, einer Zielsetzung oder eines Plans entsteht beziehungsweise die Lösung des Problems offensichtlich wird.
- Die Endfassung besteht aus sieben Hauptfaktoren, es können aber auch nur fünf oder bis zu neun Punkte sein – je nachdem, wie das »plusminus 2« individuell am sinnvollsten umgesetzt wird.
- Jetzt ist es möglich, die Lage in ihrer Komplexität zu erfassen. Die Entscheidung kann fallen.

Tipp

Wer zu viele Ziele hat, ist oft genauso orientierungslos wie jemand ohne klare Zielvorstellung. Die Miller'sche »magische Sieben« hat sich auch im Alltag der Strategieverwirklichung bewährt: Mehr als sieben wichtige Ziele kann man nicht verfolgen und erfolgreich umsetzen.

8. Bi – Das Zusammenhalten

G. A. Miller (geboren 1920), Professor für Psychologie in Princeton, lieferte 1956 in seinem berühmt gewordenen Bericht *The Magical Number Seven, Plus or Minus Two: Some Limits on our Capacity for Processing Information* den Beweis, dass selbst hochintelligente Menschen maximal sieben plusminus zwei Informationen gleichzeitig verarbeiten können. Eine Orientierung an dieser Einheit hat sich mittlerweile auch im Managementbereich bei Zielsetzungen durchgesetzt.

»Was nicht auf einer einzigen Manuskriptseite zusammengefasst werden kann, ist weder durchdacht, noch entscheidungsreif«, meinte Dwight D. Eisenhower zu diesem Thema.

Verantwortlich ist man nicht nur für das, was man tut, sondern auch für das, was man nicht tut.

LAOTSE

Stichomantie

Wie man auf Lösungen stößt

Ein gedankliches Problem erscheint unlösbar, und auch intensives Studium der Informationen hilft nicht weiter? Eine Entscheidung soll getroffen werden, es scheint aber irgendein gedankliches Puzzleteil zu fehlen, das diese Entscheidung möglich macht? Dann ist das Zufalls-orakel ein probates Mittel zur Klärung. Stichomantie bringt eine zufällig ausgewählte Textstelle ins Spiel. Diese kann für eine Erweite-rung des Blickwinkels sorgen und einen Hinweis zur Lösung des anstehenden Problems geben.

Was man dazu braucht, ist ein Buch. Welches Buch, ist der Entscheidung des Fragenden überlassen. Alles ist möglich und alles ist hilfreich. Wer Stichomantie regelmäßig als Entscheidungshilfe nutzt, ist mit einer Grund-ausrüstung aus Bibel, einem Band über die Lebensweisheiten berühmter Philosophen, einem Fachbuch und seinem Lieblingsschmöker gut gerüstet. Ein einziger Satz aus jedem dieser Bücher kann eine erschöpfende Antwort geben.

Stichomantie beruht auf dem Prinzip der Synchronizität: Die Frage, der »Stich« in das Buch, der ausgewählte Text und die gedankliche Resonanz darauf erfassen ein Thema praktisch zeitgleich. Die Bereitschaft, sich mit dem Ergebnis auseinander zu setzen, führt zu gedanklicher Offenheit, die eine Lösung, eine neue Idee, einen Blickwinkel-Wechsel möglich macht.

Tools

- Ein Buch
- Brieföffner oder Stift
- Ruhe

Go

- Die Frage wird formuliert.
- Das Buch liegt geschlossen auf dem Tisch.
- Der Brieföffner oder Stift liegt in der rechten Hand.
- Mit der Daumenspitze der linken Hand wird eine Weile über die geschlos-senen Buchseiten gestrichen.
- Das Buch wird intuitiv mit der linken Hand aufgeschlagen, dann wird mit dem Brieföffner oder Stift auf einen beliebigen Punkt der Seite getippt.
- Die Textstelle, die getroffen ist, gibt den Hinweis auf die Beantwortung der Frage.

Unter dem Namen »Lexikontechnik« wird Stichomantie auch als Kreativitätstechnik genutzt. Nachdem man sich intensiv dem Problem gewidmet hat,
um es ins Unterbewusstsein zu integrieren, schlägt
man ein Lexikon ohne hinzusehen auf, und tippt
»blind« auf eine Stelle. Das, was unter dem angetipp-
ten Stichwort steht, wird erst einmal abgeschrieben
und dann Satz für Satz, Begriff für Begriff untersucht.
Alle Einfälle zur Problemlage, die sich hieraus
ergeben, werden auf einem Extrablatt notiert. So
werden überraschende Lösungen möglich, die sich
anders nicht gefunden hätten.

Tipp

Auch das vorliegende Buch kann zur Stichomantie
genutzt werden: Jede Buchseite enthält eine Entscheidungsmethode, ein I Ging-Hexagramm, einen
Aphorismus. Durch zufälliges Aufschlagen einer Seite
findet man die Technik, die einem weiterhilft,
beziehungsweise ein entsprechendes Hexagramm
oder eine Tageslosung.

45. Tsui –
Die Sammlung

Stichomantie oder Biblioman-
tie gehört zu den Weissagungs-
techniken, die von der Kirche
im Jahr 465 verboten wurden,
obwohl der heilige Augustinus
(354–433) per Stichomantie
seine Berufung gefunden hat.
Er selbst schrieb seine Bekeh-
rung zum Christentum einer
Botschaft zu, die ihn anwies, die
Heilige Schrift aufzuschlagen
und den ersten Satz zu lesen,
der ihm in die Augen stach.
Dieser Satz war ein Text des
Apostels Paulus, der besagte,
er solle dem Gesindel, den
Habsüchtigen und den Gottes-
lästerern fern bleiben.

Bereits in der römischen Antike
wurden Zeilen von Vergil
(70–19. v. Chr.), dem bedeutendsten Schriftsteller der Zeit,
auf Zettel geschrieben und in
einer Urne gemischt. Der Vers,
der zufällig ausgewählt wurde,
galt als Gedankenanstoß,
Ratschlag und Orakel. Bis ins
Mittelalter hinein zog man
Astrologiebücher und die
Dichtungen von Homer und
Vergil per Stichomantie zu Rate.
Das Buch, das trotz des kirch-
lichen Verdikts über Jahrhun-
derte am meisten genutzt
wurde, blieb die Bibel, vor
allem die Psalmen und die
Offenbarung des Johannes.

Sei, was du scheinen willst.

SOKRATES

PMI – Plus Minus Interest   *Pro und Kontra*

**Jeder Mensch gewichtet automatisch Vor- und Nachteile seiner Ent-
scheidungen, das ist natürlicher Bestandteil aller Handlungsabläufe.
Ein Blick auf das Wetter entscheidet die Wahl der Kleidung, des Schuh-
werks – kurzfristige Entschlüsse, zu denen man im Alltag laufend und
nebenbei kommt. Anders ist es, wenn größere Entscheidungen
anstehen. Da ist es sinnvoll, sich die Plus- und Minus-Seiten plastisch
vor Augen zu führen.**

Um alle Aspekte zu sammeln, eignet sich die Methode CAF – Consider all
Facts, die Gewichtung erfolgt dann per PMI. Diese Methode hilft, die
Auswirkungen einer Entscheidung besser einzuschätzen und damit Hand-
lungssicherheit zu gewinnen. Bei der Frage: »Soll ich den Job in Firma X
annehmen?« funktioniert PMI ebenso wie bei privaten Überlegungen.

Die PMI-Liste mit der Frage »Soll ich den Job in Firma X annehmen?« könnte
stichwortartig so aussehen:

Plus	Minus	Interest
höheres Einkommen als bisher	weniger Urlaub	Bin ich den neuen Aufgaben gewachsen?
interessantere Aufgaben	Umzug in eine andere Stadt	Wie bekommen wir eine neue Wohnung?
Mitarbeitererfolgs-beteiligung in Aktien	Französisch als Fremd-sprache	Wie verkraften die Kinder den Schulwechsel?
Aufstiegsmöglichkeiten vertraglich gesichert	Die Familie will nicht umziehen	Wie ist der Führungsstil in der neuen Firma?
Firmenwagen nach der Probezeit	Mehr Geschäftsreisen als bisher	Wie ist der Gestaltungs-spielraum für mich?
Coaching wird angeboten	Großraumbüro	Wie überwinde ich meine Flugangst?
	Freundeskreis und Fuß-ballteam bleiben zurück	Wie werden sich die neuen Mitarbeiter führen lassen?
	Eltern wohnen in der Einliegerwohnung	

Tools

• Eine dreispaltige Liste, gezeichnet auf Papier oder in einem Tabellenprogramm am PC

Go

• Die Frage wird definiert. Beispiel: »Soll ich den Job annehmen?«, »Soll ein Hund als Haustier angeschafft werden?«
• Die dreispaltige Tabelle wird erstellt.
• Die Kategorien Plus – Minus – Interest werden benannt, wobei die letzte für offene Fragen steht: Hier ist noch Informations- oder Klärungsbedarf.
• Die Liste wird vollständig ausgefüllt.
• Jeder Tabellenpunkt bekommt einige Minuten Aufmerksamkeit, um das Für und Wider lebendig und plastisch werden zu lassen.
• Aspekte, die sowohl positiv als auch negativ sind, werden sowohl in den Plus- als auch in den Minusbereich aufgenommen.
• Wurden fehlende Informationen eingeholt oder die Unsicherheiten geklärt, können die Einträge aus der Kategorie Interest in die Plus- oder Minus-Spalten aufgenommen werden.
• Um ein eindeutiges Ergebnis zu erzielen, wird die PMI-Tabelle jetzt gewichtet.
• Bewertet werden die einzelnen Plus- und Minus-Aspekte. Die Bandbreite reicht von 6 Punkten (sehr wichtig) bis zu einem Punkt (unwichtig).
• Hinter jeden Aspekt wird die Punktzahl notiert.
• Alle Plus-Aspekte werden zusammengezählt.
• Alle Minus-Aspekte werden zusammengezählt.
• Das Ergebnis der Minus-Aspekte wird von dem der Plus-Aspekte abgezogen.
• Ist das Ergebnis größer als null, heißt die Antwort »Ja«, ist es kleiner als null, bedeutet es »Nein«. Ist das Ergebnis null, ist es ein Unentschieden.
• Wenn es um mehrere Alternativen geht, wird für jede einzelne PMI durchgeführt und bewertet. Die Alternative mit dem höchsten Punktergebnis siegt.

 56. Lü – Der Wanderer

Dr. Edward de Bono, Mediziner, Psychologe und weltweit bekanntester Denk-Methodiker, hat PMI über seine »Denkschulen« und zahlreichen Bücher verbreitet. Mittlerweile steht der von ihm gefundene Begriff »lateral thinking« im Oxford Dictionary, was einem Ritterschlag gleichkommt. De Bono hat 2002 in New York das »World Centre for New Thinking« eröffnet, das den Mitgliedern der UN beim Generieren neuer Ideen helfen soll. O-Ton de Bono: »Die meisten Menschen können zwischen $6 + 2 = 8$ und $8 = 6 + 2$ nicht unterscheiden. Dabei ist dieser Unterschied entscheidend! Die Addition von $6 + 2$ kann nichts anderes als 8 ergeben, aber 8 kann aus den unterschiedlichsten Kombinationen bestehen. Zum Beispiel $5 + 3$, $4 + 4$, $7 + 1$. Warum das wichtig ist? Menschen denken, wenn sie *eine* ›richtige‹ Antwort haben, lohnt es sich nicht, weiterzudenken, denn richtiger kann es ja nicht werden. Genau das ist eine strikte Einschränkung des Denkens!«

De Bono entwickelte auch ein Programm für Schulen: Die CoRT *(Cognitive Research Trust)* Thinking Lessons vermitteln seit 1972 weltweit Tausenden von Schülern, wie die Überwindung eingefahrener Denkrichtungen funktioniert. Tenor: »Wenn Du nach links schaust, siehst Du auch nur, was links ist!« Die erste Übung in diesem Programm ist PMI.

Wer den Hafen nicht kennt, in den er segeln will, für den ist kein Wind ein günstiger.

SENECA

33

SWOT-Analyse

Standortbestimmungen sind die Basis jeder Entscheidung. Wer die eigenen Stärken und Schwächen im Vergleich zu den wichtigsten Mitbewerbern herausfinden will, um Potenziale für Wettbewerbsvorteile zu nutzen, ist mit der SWOT-Analyse gut bedient. Die Analyse eignet sich für Unternehmen ebenso wie für die Einschätzung persönlicher beruflicher Chancen. Grundsätzlich ist jede Konkurrenzsituation SWOT-geeignet. SWOT steht für *Strengths*/Stärken – *Weaknesses*/Schwächen – *Opportunities*/Möglichkeiten – *Threats*/Gefahren. Das bewährte Management-Tool kann auch für einzelne Projekte, Kick-offs und die Neueinführung von Produkten genutzt werden.

SWOT ist der Ausgangspunkt für viele strategische Entscheidungen: Gefahren und Marktchancen sind von Unternehmen nicht beeinflussbar, umso wichtiger ist es für Führungsmannschaften, strategische Möglichkeiten sicher einzuschätzen, um auf Veränderungen zügig *reagieren* zu können. Die Stärken und Schwächen eines Unternehmens hängen wesentlich von den internen Entscheidungen ab, hier sollte also in Relation zur Konkurrenz optimal *agiert* werden. Die Wettbewerbsvorteile ergeben sich aus der positiven Differenzierung zu den Mitbewerbern, aber auch aus den Offensivstrategien, die mit Blick auf Konkurrenzschwächen entwickelt werden.

Tools

- Unternehmensdaten, Analysen, Marktzahlen etc.
- Papier und Stifte oder Flipboard zum Skizzieren der Matrix
- PC zur Ausarbeitung der detaillierten Analysen

Go

- Das Thema der Standortbestimmung wird konkret formuliert. Beispiele: »Wo liegt das größte Marktpotenzial in Relation zur Konkurrenz?« Oder: »Wo ist meine persönliche Kernkompetenz?«.
- Die SWOT-Matrix wird gezeichnet oder am Computer erstellt (siehe gegenüberliegende Seite). Alle Fakten werden in der nun folgenden Analyse schriftlich festgehalten. Das kann stichwortartig in der Matrix direkt geschehen. (Die Details werden unter dem jeweiligen Oberbegriff schriftlich ausgearbeitet und am Ende ausgewertet.)

- Die Analyse beginnt mit den Stärken und Schwächen (des Unternehmens, Projektes oder Produkts). Für die persönliche Standortbestimmung werden die Fragen entsprechend adaptiert.
- Fragen zum Bereich Stärken / interne Faktoren werden gestellt und beantwortet: Wie sind die Erfolge der Vergangenheit zustande gekommen? Welche Chancen hat das Unternehmen in der Zukunft?
- Es folgen Fragen zum Bereich Schwächen / interne Faktoren: Welches Produkt, welcher Bereich ist besonders umsatzschwach?
- Jetzt werden die Chancen und Gefahren analysiert, die sich für das Unternehmen aus Trends und Veränderungen in seiner Umgebung ergeben.
- Fragen zum Bereich Chancen / externe Faktoren: Welche Möglichkeiten stehen offen? Welche Trends sind zu verfolgen?
- Fragen zum Bereich Gefahren / externe Faktoren: Welche Schwierigkeiten der gesamtwirtschaftlichen Lage zeichnen sich ab? Was machen die Mitbewerber? Zeichnet sich ein Technologiewechsel ab?

40. Hië –
Die Befreiung

Prof. Henry Mintzberg (geboren 1939), kanadisches Enfant terrible der Management-Gurus, hat den Ruf als Geißel des orthodoxen strategischen Denkens. »Strategie als geistige Einstellung kann die Organisation blind dafür machen, dass sie bereits veraltet ist. Deshalb kommen wir zu dem Schluss, dass Strategien für Organisationen eigentlich das sind, was Scheuklappen für Pferde sind: Sie halten sie zwar auf einem geraden Weg, erschweren aber den Blick zur Seite«, sagt Mintzberg und differenziert unter zehn Strategiemodellen: Die Designschule (Strategieentwicklung als konzeptioneller Prozess), die Planungsschule (als formaler Prozess), die Positionierungsschule (als analytischer Prozess), die Unternehmerschule (als visionärer Prozess), die kognitive Schule (als mentaler Prozess), die Lernschule (als sich herausbildender Prozess), die Machtschule (als Verhandlungsprozess), die Kulturschule (als kollektiver Prozess), die Umweltschule (als reaktiver Prozess) und die Konfigurationsschule (als Transformationsprozess).

Die SWOT-Analyse stammt aus den USA und wird der strategischen »Design-Schule« zugerechnet.

	Gegenwart	Zukunft
Interne Analyse	Strengths Stärken	Opportunities Chancen
	Weaknesses Schwächen	Threats Gefahren

(Externe Analyse)

- Zusammenfassend wird die aktuelle Strategie im Hinblick auf die zu erwartenden Veränderungen, die Konkurrenz und die eigenen Stärken und Schwächen betrachtet, um künftig Chancen zu nutzen und Risiken zu minimieren. Im Idealfall zeigen sich neue Kernkompetenzen und Geschäftsfelder.

Siegen wird der, der weiß, wann er kämpfen muss und wann nicht.

SUN TZU

Wie der schlimmste Fall den Erfolg sichert

Das Worst-Case-Szenario ist eine wichtige Hilfe bei allen Entscheidungen, die mit Unsicherheit oder hohen Risiken verbunden sind. Die Methode hilft, mögliche Gefahren abzuwägen und geeignete Gegenmaßnahmen zu entwickeln.

Entscheidungen können sicherer getroffen werden, wenn der »schlimmste Fall« gedanklich erfasst und bearbeitet wurde. Das Worst-Case-Szenario schützt vor der sprichwörtlichen rosaroten Brille und schärft die Wachsamkeit. Deshalb werden in der Sicherheitstechnik immer wieder Störfälle durchgespielt. Ob bei der Passagierkontrolle am Flughafen oder bei simulierten Alarmsituationen in Großbetrieben: Nur wer mit Risiken vertraut ist, verhält sich im entscheidenden Moment richtig.

Bei Projekten, Plänen und Investitionen geht es darum, jene Variante herauszufiltern, deren Konsequenzen die geringste Bedrohung darstellen. Man durchleuchtet Wackelkurse und Schwachstellen und vermerkt die geeigneten Gegenmaßnahmen. Beispiel: Was kann schlimmstenfalls passieren, wenn ich kündige, ohne einen neuen Job zu haben? Oder: Welche Marktbedingungen machen das Wertpapierportfolio zu einem Verlustgeschäft? Welche unerwünschten Folgen können die neuen Marketingstrategien bei der Zielgruppe haben?

Tools
• Papier und Stifte

Go
• Das Szenario wird beschrieben: Was könnte misslingen? Was kann dagegen getan werden?
• Die Worst-Case-Checkliste wird ausgefüllt.

Was kann schlimmstenfalls geschehen?

Wann kann das geschehen?

Was kann dazu führen? (Hier sind die verschiedenen Ursachen zu bedenken.)

Mit welcher Wahrscheinlichkeit wird dieser Fall eintreten?

Welche Gegenmaßnahmen können ergriffen werden, um den schlimmsten Fall zu verhindern oder die Auswirkungen zu mildern?

Wann müssten diese Gegenmaßnahmen spätestens eingeleitet werden?

Welche Kosten würden entstehen?

Welche Folgen hätten die Gegenmaßnahmen?

• Die denkbaren Auswirkungen, Maßnahmen, Kosten und Erkenntnisse sind jetzt offensichtlich. Die Ergebnisse werden in die Planungen mit einbezogen. Bei Budgetierungen kann ein Worst-Case-Etat geschaffen werden, bei persönlichen Entscheidungen ist mit der ausgefüllten Checkliste ein Krisenplan zur Hand.
• Jetzt kann die Entscheidung fallen. Die Risiken sind Bestandteil der Entscheidung – und nicht der »Faktor x«, der überraschend auftaucht und einen unvorbereitet trifft.

Hinweis

Im Chinesischen besteht das Wort Krise aus einem zweizeiligen Zeichen: *Wei* für Gefahr und *Chi* für Kraft und Chance. Wer Krisen im Vorweg als Chance begreift und sie in seine Überlegungen einbezieht, entscheidet mit Weitblick.

17. Sui –
Die Nachfolge

Noah baute seine Arche, bevor die große Sintflut kam, und managte damit eine bedeutende Krise. Dass es Risiken geben würde, hatte er erfahren und sich umgehend darangemacht, sein Schiff zu bauen, das mit 300 Ellen Länge etwa halb so groß war wie die Queen Elizabeth II.
»Es gibt keine wundersame Notrufnummer, die man anrufen könnte, wenn die Lage kritisch wird«, meinte Norman R. Augustine (geboren 1935), amerikanischer Topmanager des Großkonzerns Lockheed Martin. »Rechtzeitig für eine Krise zu planen, ist kein Zeichen von Schwäche oder Angst, sondern ein Gefühl der Stärke, das aus dem Wissen hervorgeht, vorbereitet zu sein. Krisenmanagement beginnt im Regelfall damit, sich präventiv mit möglichen Problemen zu beschäftigen.«

Das Worst-Case-Szenario stammt aus der Szenario-Technik, die zum Ziel hat, die Entwicklung in mehreren alternativen Zukunftsbildern vorauszudenken, um mit erweitertem Planungshorizont arbeiten zu können. Die Szenario-Technik wurde maßgeblich vom Institut *Battele Europe* in Frankfurt am Main entwickelt und gehört zu den Klassikern unter den Management-Planungsinstrumenten.

Erfolg ist eine Folge-erscheinung, niemals darf er zum Ziel werden.
GUSTAVE FLAUBERT

Ishikawas Fischgräte

Ursache und Wirkung

Wie man Problemen auf den Grund geht

Um ein Problem zu lösen, muss es definiert sein. Bleibt die Lage unübersichtlich und diffus, kann man nichts entscheiden. Ishikawas Gräte ist die Visualisierung eines Klärungsprozesses, der Entscheidungen vorbereitet. Man wird die Fehlerquote in der Produktion erst dann angehen, wenn klar ist, was zu dieser Quote geführt hat. Und die mangelnde Motivation der Mitarbeiter einer Abteilung kann erst dann konstruktiv verändert werden, wenn geklärt ist, wo die Ursachen liegen. Schnelle Antworten sind nicht unbedingt die richtigen Antworten.

Voraussetzung für das Fishbone-Diagramm ist eine prägnante Formulierung des Problemfeldes. Beispiel: »die hohe Fehlerquote beim Schweißen« oder »der hohe Krankheitsstand der Mitarbeiter« oder »die schleppende Auslieferung der Waren«.

Tools

- **Im Team:** Zum Erarbeiten des Diagramms kann eine moderierte Arbeitsgruppe gebildet werden. Die Sachkompetenz des Teams kann bei Bedarf durch externe Experten (Lieferanten, Kunden, Spezialisten) ergänzt werden.
- **Solo:** Alle Unterlagen zum Problemfeld, Statistiken, Erfahrungsberichte, Fakten liegen bereit.
- Papier und Stifte oder Whiteboard und Marker
- Karteikarten, falls diese Methode im Team angewandt wird

Go

- Das Problemfeld wird definiert, die Frage wird formuliert.
- Das Fisch-Diagramm wird gezeichnet. Dabei werden sechs Linien grätenförmig angeordnet.
- Am »Fischkopf« wird das Problem notiert.
- Die sechs »Gräten« stehen für sechs M's, für sechs Gebiete, auf denen mangelnde Erfahrung, falsche Strukturen etc. Probleme verursachen können:

Mensch – Ursachen, die in fehlender Erfahrung, mangelnden Kenntnissen und Fähigkeiten, in der persönlichen Einstellung liegen.

Management – Ursachen in Unternehmensprinzipien, strategischen und operativen Entscheidungen des Managements

38

Methode – Ursachen in vorgegebenen Arbeitsabläufen, Dienstanweisungen, Organisationsstrukturen und Kontrollverfahren

Maschine – Ursachen in Arbeitsplatzgestaltung, Maschinen, Werkzeugen und Messeinrichtungen

Material – Ursachen beim eingesetzten Material und Zulieferanteilen

Mitwelt – Ursachen in externen Einflüssen wie Kundenverhalten, gesetzlichen Vorschriften, Konkurrenz, Arbeitsmarktlage etc.

• Wer allein arbeitet, schreibt die Antworten direkt in das Diagramm.
• Bei Teamwork notiert jeder Teilnehmer seine Gedanken auf Karteikarten. Diese Karten werden dem Fisch-Diagramm gemäß geordnet und übertragen.
• Das Diagramm wird diskutiert. Die Ursachen, deren Veränderung den größten Nutzen versprechen, werden bestimmt.
• Die Entscheidung, was zu tun ist, um das Problem zu beseitigen, kann fallen.

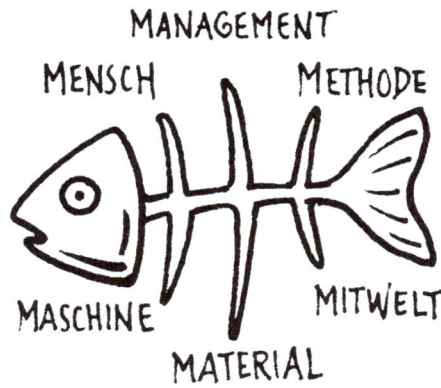

 8. Bi –
Das Zusammenhalten

Professor Kaoru Ishikawa (1915–1989) gilt als der Nestor des japanischen Qualitätsmanagements. Er arbeitete eng zusammen mit dem amerikanischen Qualitäts-Guru Dr. William Edwards Deming (1900–1993), der die Ansicht vertrat: »97 Prozent aller Fehler eines Unternehmens sind nicht auf die Mitarbeiter, sondern auf das Management zurückzuführen.« Ishikawas Qualitätsbegriff charakterisiert nicht nur das Produkt selbst, sondern auch den Service nach dem Verkauf, die Qualität des Managements und der Mitarbeiter.

Ishikawa entwickelte eine ganze Reihe von Qualitätswerkzeugen, unter anderem das nach ihm benannte Fischgrät-Diagramm. Seine Methoden sind fester Bestandteil des Werkzeugkastens im heutigen Qualitätsmanagement. Ein Problemlösungs-Fischzug nach Ishikawa kann sich über mehrere Sitzungen erstrecken. Seine Methode ermöglicht es, »das Problem am Kopf des Fisches anzusetzen, um es die ganze Nacht zu kochen«, so Ishikawa im O-Ton.

Wer einen Fehler gemacht hat und ihn nicht korrigiert, begeht einen zweiten.
KONFUZIUS

Pendeln

Die innere Wünschelrute

Wie der eigene Seismograph ausschlägt

Wenn die innere Stimme gefragt ist und das unbewusste Wissen für Entscheidungen eingesetzt werden soll, empfiehlt sich eine uralte, sehr bewährte Methode: das Pendel. Als Sprachrohr und Übersetzer tieferer Schichten funktioniert es nicht anders als die klassische Wünschelrute: Beide stellen einen direkten Kontakt zwischen der inneren und der äußeren Welt her – und »schlagen aus«, sobald ein Ergebnis vorliegt.

Fast jeder Mensch kann pendeln, genauso wie fast jeder Mensch singen kann. Die Qualität des Ergebnisses hängt nicht zuletzt von der Unvoreingenommenheit desjenigen ab, der seine Intuition zu Rate zieht. Deshalb ist es wichtig, offen an eine Befragung heranzugehen. Der Impuls des Pendels sollte nicht vom Bewusstsein ausgehen, also vom Willen gesteuert werden, das bringt lediglich eine 1:1-Übersetzung dessen, was man sowieso schon wusste.

Tools

- ein Faden, etwa 25 cm lang
- eine Nadel, ein Ring, ein Amulett oder ein Schlüssel: Zum Pendeln kann man praktisch alles verwenden, was sich an einem Faden oder Band aufhängen lässt. Im Handel werden Pendel aus Holz, Metall, Glas und Halbedelstein angeboten, es hängt ganz von der persönlichen Vorliebe ab, mit was gependelt wird. Eine Nadel pendelt ebenso zuverlässig wie ein Halbedelstein.
- eine Pendelunterlage (nicht zwingend aber hilfreich, siehe abgebildetes Beispiel)
- Ruhe

Go

- Die Frage wird festgelegt. Sie sollte mit Ja oder Nein zu beantworten sein.
- Einfache klare Formulierungen sind wichtig, das Unbewusste braucht eindeutige Fragen, um eindeutige Antworten zu geben.
- Das Pendel wird an den Faden gehängt, die losen Enden werden verknotet.
- Das Fadenende wird zwischen Daumen und Zeigefinger gefasst.
- Der Ellenbogen wird auf den Tisch gestützt, die Hand mit dem Pendel ruhig und entspannt über den Tisch gehalten.
- Es dauert einen Moment, bis das Pendel in Ruhestellung ist, was nicht in

jedem Fall heißt, dass es völlig unbewegt bleibt. Die Ruhestellung des Pendels ist bei jedem unterschiedlich. Nach ein paar Versuchen wird klar, wann das Pendel einsatzbereit ist.

• Wird über einer Unterlage gependelt, steht das Pendel genau über dem Mittelpunkt in Ruhestellung, die Antwortrichtungen sind eingezeichnet.

• Wird ohne Unterlage gependelt, zeigt sich das Ja in den meisten Fällen durch eine kreisende Bewegung, das Nein durch eine gerade Hin- und Herbewegung. Möglich ist auch, die Antwort mit dem Pendel vorher »zu vereinbaren«, also beispielsweise: Bei Ja soll es in der Achse zum Fragenden hin ausschlagen, bei Nein in der Achse quer zu ihm. Auch das funktioniert; nach ein- zweimal Probependeln steht die Vereinbarung.

• Um zu üben, wie das Pendel reagiert, nimmt man zunächst einmal einfache Fragen.

• Dann wird die entscheidende Frage gestellt.

• Die Konzentration richtet sich auf diese Frage, nicht auf die Antwort!

• Das Pendel setzt sich in Bewegung, schwingt sich ein, die Ausschläge werden deutlich: Die Antwort ist gegeben.

• Für eine weitere Frage wird das Pendel wieder in die Ruhehaltung gebracht – und erneut befragt.

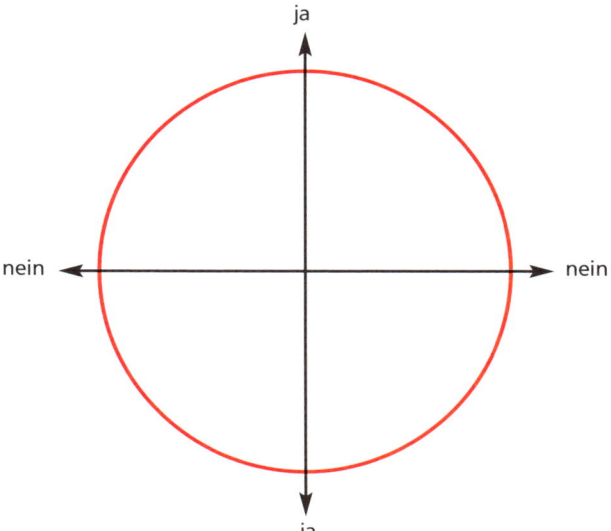

26. Da Tschu – Des Großen Zähmungskraft

Der römische Historiker Ammianus Marcellinus (330 bis ca. 400) berichtet, dass bei einer Verschwörung gegen Kaiser Valens (Regentschaft 364 bis 378) der Name seines Nachfolgers über einer Schale ausgependelt wurde, in deren Rand das Alphabet eingraviert war. Das Pendel schlug bei den Buchstaben t h e o an. Man schloss daraus, dass Theodorus, ein hoher Beamter, gemeint war. Als Kaiser Valens davon erfuhr, ließ er den Mann hinrichten. Es half nichts: Sein Nachfolger wurde der Namenszwilling Theodorus, später als der Große bekannt.

Das Pendeln gehört zu den ältesten Hilfsmitteln des Mutens (Gehen mit der Wünschelrute) und Wahrsagens. Felszeichnungen um 12.000 v.Chr. zeigen, dass bereits in grauer Vorzeit Quellen und Mineralvorkommen ausgependelt wurden. 6000 Jahre später war das Pendel Privileg der chinesischen Kaiser, sie trafen politische Entscheidungen nicht ohne den Rat dieses Orakels.

*Krise ist
ein produktiver Zustand.
Man muss ihr nur
den Beigeschmack der
Katastrophe nehmen.*

MAX FRISCH

Morphologische Matrix

Wie man zur Ideallösung kommt

Probleme sind oft mehrdimensional. Die verschiedenen Dimensionen und jeweiligen Auswirkungen brauchen Gewichtung und Struktur, dann erst werden Analyse und Entscheidung möglich. Mit der Morphologischen Matrix lassen sich alle Facetten eines Problems erfassen, da die verschiedenen Möglichkeiten miteinander kombiniert, verglichen und auf Umsetzbarkeit geprüft werden. Manchmal ergeben sich dabei überraschende Lösungen, die vorher übersehen oder gar nicht erst in Erwägung gezogen wurden.

Im morphologischen »Kasten« wird ein Problem in alle nur denkbaren Einzelteile zerlegt. Zu jedem Element werden so viele Lösungskomponenten wie möglich gesucht und dann miteinander kombiniert. Diese Technik kann bei der privaten Urlaubsplanung (wann, wohin, wie, mit wem, wie lange) ebenso genutzt werden wie bei Produktionsfragen (Form, Farbe, Material, Kosten, Produktionszeit, Lieferwege). Sinnvoll ist auch der Einsatz bei komplexen Abläufen, die für eine Entscheidung aufeinander abgestimmt werden sollen.

Bei einer Produktentwicklung kann die Morphologische Matrix genutzt werden, um alle denkbaren Kombinationsmöglichkeiten darzustellen und auf ihre Eignung hin zu prüfen. Viele dieser Möglichkeiten werden aufgrund technischer oder wirtschaftlicher Gegebenheiten sinnlos sein. Doch vielleicht werden zukunftsträchtige Kombinationsmöglichkeiten erkannt, an die bisher noch niemand gedacht hat. Diese werden anhand geeigneter Kriterien (Preis, Funktion, Herstellungskosten, Absatzchancen, bestehende Konkurrenzprodukte etc.) weiter analysiert.

Tools
- Papier und Stifte
- alternativ: Excel-Tabelle am PC

Go
- Das zur Lösung anstehende Problem wird formuliert.
- Die Morphologische Matrix wird gezeichnet oder als Tabelle am PC erstellt.
- Die Parameter werden festgelegt und links untereinander in die Tabelle eingetragen. Hier stehen die eigentlichen Bestimmungsgrößen des Problems, beispielsweise: Material, Signal, Funktionen. Sie sollten voneinander unabhängig sein, sonst sind später nicht alle Kombinationen möglich.

- In den daneben liegenden Feldern werden die verschiedenen Lösungsmöglichkeiten notiert. Diese Möglichkeiten (Wie?) jedes Parameters werden in der Morphologie Komponenten genannt.
- Danach wird die Morphologische Matrix analysiert. Alle Möglichkeiten werden nacheinander systematisch miteinander verknüpft und auf ihre Eignung für die eigenen Ansprüche geprüft.
- Die Wahl der besten Lösung ergibt sich aus dieser Analyse, sie ist der entscheidende Schritt.

Ein Anwendungsbeispiel: Wie ist die optimale Form und Ausstattung des neuen Druckers?

Komponenten

Gehäuseform	Quadratisch	Sternform	Rund	Oval
Gehäusematerial	Stahl	Kunststoff	Plexiglas	Alu
Gehäusefarbe	Silber	Rosa	Marmoriert	Silber matt
Papiervorrat	10	20	40	100
Anschluss	USB	Funk	Infrarot	COM
Tinte	Schwarz	Schwarz und Farbe: 2 Patronen	Schwarz und Farbe: 3 Patronen	4 Patronen
Patronenvolumen	20 ml	30 ml	40 ml	90 ml
Drucktempo	2 Blatt/min	8 Blatt/min	12 Blatt/min	20 Blatt/min
Service	Kein Service	Garantie einsenden	24 Stunden vor Ort	24 Std. vor Ort bezahlt
Zusatzfunktionen	Scanner	Kopierer	Anruf-beantworter	CD-Player

Ein mögliches Ergebnis könnte lauten: »rundes mattsilbernes Stahlgehäuse, Papiervorrat 100 Blatt, USB-Anschluss, CD-Player, 4 Patronen, Volumen je 90 ml, Tempo 12 Blatt, 24 Stunden vor-Ort-Service gegen Rechnung, keine Zusatzfunktionen«. Der Reiz der Methode liegt in der Vielzahl der Varianten. So werden Entscheidungen möglich, die vorher nicht einmal in Denkweite lagen.

54. Gui Me –
Das heiratende Mädchen

Der morphologische Kasten wurde von dem Schweizer Astrophysiker Fritz Zwicky (1898–1974) entwickelt. Zwicky galt als einer der brillantesten Astrophysiker und gleichzeitig als eine der ungewöhnlichsten Persönlichkeiten seines Jahrhunderts.

Zwicky war sich sicher: »Jeder Mensch ist ein Genie.« Und so geht es bei der morphologischen Matrix darum, systematisch Kombinationen nach Lösungen von Problemen abzusuchen. Dass dabei ungewohnte und auch unsinnige Kombinationen durchprobiert werden, ist eines der Grundelemente der Kreativität. So kann beim Schach ein rein systematisches Absuchen von Zugkombinationen zu kreativem Spiel führen. Als Gary Kasparow gegen Deep Blue verlor, war er so verblüfft, dass er dem Team hinter dem Schachcomputer Betrug unterstellte.

Der Begriff Morphologie stammt aus dem Griechischen und bedeutet »Lehre der Gestaltung, Strukturierung, Formung«. Jede nach einem bestimmten Verfahren erzeugte Ordnung fällt unter Morphologie, frei übersetzt kann man von der Lehre der Formen und Strukturen sprechen.

*Wer will, der kann,
wer nicht will, muss.*

S E N E C A

Disneys drei Stühle

Wie man seine Träume realisiert

Bei der Drei-Stühle-Technik geht es um ein gedankliches Rollenspiel, das Ideen und Lösungen auf den Prüfstand stellt. Mit dieser Methode wird der Perspektivenwechsel trainiert. Bestehende Haltungen können durchleuchtet und überraschende neue Ansätze gefunden werden.

Hollywoods Zeichentrickkönig Walt Disney hatte drei Stühle in seinem Büro, die er gezielt nutzte, um verschiedene Denkrichtungen zu erproben. Die Stühle standen für die Position des Träumers, des Realisten und des Kritikers, und indem Disney auf ihnen Platz nahm, klopfte er die unterschiedlichen Seiten eines Projekts oder einer Figur ab. Die explizite Trennung und die Konzentration auf einen Blickwinkel verhindert, dass sich die inneren Stimmen gegenseitig behindern.

In Anlehnung an diese Methode werden in vielen Unternehmen heute Probleme bewusst von drei Seiten betrachtet. Die Drei-Stühle-Technik eignet sich für jede Art von Problemstellung, für Neuentwicklungen und Produkteinführungen. Aber auch beim Kauf eines Hauses oder bei der Wahl eines Reiseziels kann man von der Technik des legendären Trickfilmers profitieren.

Beispiel: Es sollen neue Büromöbel angeschafft werden. Der Träumer schwärmt von Designerstücken, die sehr edel, aber leider sehr teuer sind. Der Kritiker stellt fest, dass diese Anschaffung das Budget sprengt und somit nicht in Frage kommt. Der Realist weist darauf hin, dass die neuen Möbel gekauft werden können, wenn eine andere Investition verschoben wird.

Tools

- Drei verschiedene Stühle, beispielsweise ein Sessel, ein Hocker, ein Schaukelstuhl. Empfehlung: drei Stühle, die nicht im Alltagsgeschäft genutzt werden!
- Zwei Teamkollegen, Familienmitglieder oder Freunde – falls man nicht allein an einer Idee oder Problemlösung feilt.

Go

- Die drei Stühle werden in einen Kreis gestellt und besetzt.
- Auf dem Träumerstuhl werden Visionen und der Soll-Zustand entwickelt. Hier werden Luftschlösser gebaut und die Grenzen des Machbaren gesprengt. Die Vernunft kann beiseite gelassen werden.

- Auf dem Realistenstuhl wird das Beste und vor allem das Machbare aus den Träumen herausgefiltert. Auf diesem Stuhl regieren der Verstand und die Logik, es wird in realitätsnahen Szenarien gedacht: Was muss getan werden, was ist bereits vorhanden, um den Traum zu erfüllen? Die Phantasie wird auf Tauglichkeit getestet.
- Auf dem Kritikerstuhl sitzt des Teufels Advokat, alles wird kritisch aufs Korn genommen. Geht das? Wollen wir das wirklich? Wie soll das funktionieren? Wird sich die Mühe lohnen? Wurde etwas übersehen? Wie sieht das Ganze aus der Distanz aus?
- Wenn man im Team arbeitet, werden die Rollen des Träumers, des Kritikers und des Realisten ausgelost.
- Gestartet wird mit der Rolle des Träumers.
- Nach etwa zehn Minuten kommt der Perspektivenwechsel, die nächste Rolle ist an der Reihe.
- Ist man im Team, kommentieren die beiden Zuschauer nicht und fragen nicht nach, während der dritte spricht. Es empfiehlt sich, nach jedem Durchlauf die Rollen zu wechseln. Die Stuhlrunden können wiederholt werden, bis jeder jede Perspektive einmal »besetzt« hat.
- Am Ende werden die Einschätzungen und Zusammenhänge diskutiert, oder, wenn allein gearbeitet wird, notiert und abschließend beurteilt.

9. Siau Tschu –
Des Kleinen Zähmungskraft

Walter Elias Disney (1901–1966), Farmersohn aus Missouri und geistiger Vater legendärer Zeichentrickfiguren, die insgesamt 25-mal mit dem Oscar ausgezeichnet wurden, nutzte den Perspektivenwechsel, um Pläne, Charaktere und Projekte von allen Seiten zu betrachten. In seinem Büro standen der Legende zufolge deshalb drei Stühle. Anfang der 1950er Jahre erfand Disney den Begriff des Imageneers (aus *imagination* = Vorstellungskraft und *engineer* = Ingenieur), der künstliche Wirklichkeiten entwickelt, umsetzt und vermarktet.

Donald Duck flog Disney sprichwörtlich zu: Als er mit seinem Team an der Entwicklung einer neuen Figur saß, flatterte ein regennasser Erpel durch das Fenster und landete auf dem Schreibtisch. Eine Geschichte, die das Leben schrieb: Mittlerweile ist Donald über siebzig Jahre alt.

Erfolgreich adaptiert wurde die Drei-Stühle-Technik in den 1970ern von Robert Dilts, einem der Entwickler des NLP.

Wenn man einen Hund so dressiert hat, dass er über einen See fliegen kann, dann gibt es sicher ein paar Neider, die das Tier für wasserscheu halten.

VOLKSWEISHEIT

Scoring-Methode

Wie man Äpfel und Birnen vergleicht

Stehen mehrere Alternativen zur Wahl, hilft manchmal nur ein Vergleich. Aber wie vergleicht man vollkommen unterschiedliche Dinge? Wer aus einer Vielzahl komplexer Analysen zu einer Entscheidung kommen möchte, kann mit der Scoring-Methode seine Handlungsgrundlage klären. Der wesentliche Vorteil der Methode liegt in der Möglichkeit, Kriterien so miteinander zu verbinden, dass jede Alternative einen eindeutigen Wert bekommt. Damit werden die einzelnen Analysen vergleichbar. Die Entscheidung ist eindeutig und gleichzeitig transparent. Die Scoring-Methode eignet sich also für alle Situationen, in denen eine Vielzahl von Anforderungen berücksichtigt werden muß. Das kann die Entscheidung für einen Bewerber, für ein neues technisches Gerät oder für eine Investition sein.

Ein Praxisbeispiel: Welches Ressort soll personell erweitert werden: Marketing, Auftragsbearbeitung oder Call-Center? Alle drei Abteilungen zeigen immer wieder Engpässe in den Arbeitsabläufen, es kann aber nur ein neuer Mitarbeiter eingestellt werden. Zunächst einmal werden die Kriterien festgelegt, die generell maßgeblich für diese Entscheidung sind, also beispielsweise Kundenfokussierung, Teamfähigkeit, Kostenminimierung, Innovationsbereitschaft und Erfolgswahrscheinlichkeit.

Da nicht alle Kriterien gleichwertig sind, wird im *ersten Schritt* eine Gewichtung vorgenommen. Die Bewertung kann von 5 (höchste Bewertung) bis 1 gehen. Im *zweiten Schritt* werden diese Kriterien in Bezug auf die Abteilungen bewertet. Die jeweilige Punktvergabe von 10 (sehr gut) bis 1 (sehr schlecht) ist ein bewährtes Mittel. Im *dritten Schritt* folgt die Multiplikation

Welche Abteilung profitiert am meisten durch einen neuen Mitarbeiter?

Kriterium	Kriterien Gewichtung	Marketing Beurteilung	Wert
Kundenfokussierung	5	10	50
Teamfähigkeit	4	10	40
Kostenminimierung	4	4	16
Innovationsbereitschaft	1	5	5
Erfolgswahrscheinlichkeit	3	8	24
Punktwert/Summe			135
Rang			1

der Kriteriengewichtung mit der jeweiligen Abteilungsbeurteilung. Die Addition der Ergebnisse unter den jeweiligen Abteilungen führt im letzten Schritt zu einem klaren Ergebnis, wo der neue Mitarbeiter am sinnvollsten eingesetzt wird.

Tools
- Papier und Stifte, oder ein PC-Tabellenprogramm
- alle Unterlagen, die für den Vergleich wichtig sind

Go
- Das Thema wird klar bestimmt.
- Die Kriterien werden festgelegt und bewertet.
- Die Tabelle wird erstellt.
- Die Alternativen (beispielsweise Abteilung, Produkt, Projekt A, B und C) werden in die oberen Zeilen eingetragen.
- Die Kriterien werden in der linken Spalte notiert.
- Jeder Aspekt dieser Kriterien wird im Zusammenhang mit den Alternativen beurteilt. Die Skala reicht von 0 bis 10.
- Ist die Tabelle vollständig ausgefüllt, werden alle Punktwerte mit den vorher festgelegten Gewichtungsfaktoren multipliziert. Dieser Wert wird neben den Beurteilungspunkten notiert.
- Die Werte der einzelnen Spalten werden addiert.
- Die Alternative mit dem höchsten Wert (Beurteilungspunkte x Gewichtungsfaktor) ist die beste Wahl.

30. Li –
Das Haftende,
das Feuer

1971 publizierte Christof Zangenmeister, Professor am Institut für Psychologie und Arbeitswissenschaft der TU Berlin, in Deutschland das System der Nutzwertanalyse, das in den USA unter dem Namen »utility analysis« entwickelt wurde. Die Scoring- oder Nutzwertanalyse ist geeignet, wenn es um den Vergleich so genannter weicher Kriterien geht, die vordergründig nicht in Geldwert oder Zahlen darstellbar sind.

Mittlerweile werden Scoring-Systeme auch zur Einschätzung des Verhaltens potenzieller Kunden genutzt. Man errechnet die Wahrscheinlichkeit, mit der ein gewünschtes Kaufverhalten oder Zahlungsverhalten eintreten wird. Der »Score« zeigt unmittelbar die Ertragschancen des Unternehmens an, ein mittlerweile gängiges Überprüfungsverfahren bei Onlinebestellungen oder Telefonorder. Aus Kundendaten werden Prognosen, aus den Prognosen wiederum werden Chancen und Risiken errechnet. Bei der Kreditvergabe ist Scoring selbstverständlicher Bestandteil jeder Bankroutine.

Call-Center Beurteilung	Wert	Auftragsabteilung Beurteilung	Wert
10	50	1	5
2	8	8	32
2	8	10	40
10	10	7	7
5	15	10	30
	91		114
	3		2

Was tun?, sprach Zeus.
SCHILLER

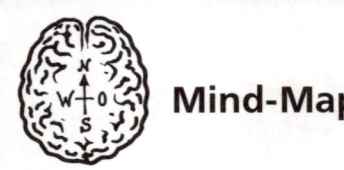

Wie das Hirn die gesamte Kapazität frei setzt

Wer Problemlösungsstrategien entwickelt, für Projektplanung verantwortlich ist, Reden und Vorträge halten muss oder Entscheidungslagen visualisieren möchte, kommt mit Mind-Mapping zu optimalen Ergebnissen, weil die Methode das Optimum an Gehirnleistung aktiviert.

Das gleichzeitige Nutzen der rechten und linken Hirnhälfte erzielt erwiesenermaßen Synergieeffekte. Die linke Hälfte hat eine Dominanz in den Bereichen Sprache und Schrift, Zahlen, Logik und Analyse, Details und Gesetze, Wissenschaft, Verständnis der Zeit. Die rechte Hemisphäre ist vorrangig in den Bereichen Körpersprache, bildliche Vorstellungskraft, Intuition und Gefühl, Synthese, Kreativität, Kunst, Musik, Tanz, ganzheitliches und räumliches Denken dominant.

Ideen und Lösungsmöglichkeiten zu finden, ist ein Aspekt des Mind-Mappings, fundierte Entscheidungen zu treffen, der andere. Durch die Baumstruktur wird das Entscheidungsthema visuell bei der Wurzel gepackt und für die Praxis aufbereitet. Querbezüge und Zusammenhänge werden klar, neue Lösungsmöglichkeiten ergeben sich wie selbstverständlich, da Bilderwelten, Schlüsselworte und Farbreize zusammenspielen.

Tools
- unliniertes Papier, Format mindestens A4, bunte Stifte
- alternativ: ein PC-Programm zum Mind-Mapping

Go
- Das Thema ist definiert.
- Das Papier wird quer genutzt, damit genügend Platz für die seitlichen Verästelungen zur Verfügung steht.
- In die Mitte des Blattes kommt das zentrale Thema als Schlüsselwort oder Skizze und wird eingekreist.
- Vom Mittelpunkt aus werden die Hauptpunkte als Äste eingezeichnet. Ihre Anzahl wird auf etwa sechs begrenzt, um Übersichtlichkeit zu wahren.
- Von diesen Astlinien aus verzweigt sich das Hauptthema in weiteren Linien – je nach Gedankenfluss. Durch die Verästelungen werden Gedankengänge klar, gleichzeitig wird eine Hierarchisierung und Strukturierung vorgenommen.

- Jeder Ast und Zweig wird beschriftet und eventuell illustriert.
- Zur Gestaltung des Mind-Maps können Pfeile, Haken, Flaggen, Symbole und Farben eingesetzt werden.
- Die Farben werden konsequent für bestimmte Prinzipien eingesetzt, das fördert die Übersichtlichkeit.
- Pfeile können bestimmte Prinzipien (also Äste) verbinden, Beziehungen aufzeigen, Komponenten verbinden.
- Zusammengehörige Themen werden durch Umrahmungen und Markierungen deutlich.
- Das Mind-Map kann immer wieder ergänzt werden, durch die plakative Struktur ist man jederzeit mitten im Thema.

Anwendungsmöglichkeiten

Projektplanung, Ideenfindung, Erstellung eines Profils, Urlaubsplanung, Vorbereitung von Reden oder Meetings, Zeitmanagement, Entscheidungsvorbereitung.
Und: Orientierung in diesem Buch: Die Mind-Map »Entscheidungslagen« auf der folgenden Doppelseite bietet einen Wegweiser zu den verschiedenen Entscheidungsmethoden.

Das Denken ist wie ein Fallschirm.
Es funktioniert nur, wenn es offen ist.

ANONYM

15. Kiën –
Die Bescheidenheit

Tony Buzan (geboren 1942), Psychologe, Mathematiker und Anglist, ist der Erfinder der Mind-Map®-Methode. Er nutzte dafür Anfang der 1970er Jahre die Erkenntnisse des Gehirnforschers Professor Roger Sperry (1930–1994). Der amerikanische Neurobiologe erhielt 1982 den Nobelpreis für Medizin für seine bahnbrechende Entdeckung, dass das menschliche Großhirn aus zwei Hemisphären besteht.

Die Einteilung in sprachlich logisches und intuitiv bildhaftes Denken ist nicht ganz so strikt wie damals angenommen, da jede Gehirnhälfte auch Funktionen der anderen Seite erfüllen kann. Ein deutsch-britisches Forscherteam entdeckte 2004, dass es eine Art Manager im Gehirn gibt, der entscheidet, ob die linke oder rechte Hemisphäre angesprochen wird und wie die beiden Hemisphären untereinander kommunizieren. Die Einbeziehung beider Seiten – wie beispielsweise beim Mind-Mapping – steigert den gedanklichen Output erwiesenermaßen um ein Vielfaches.

Grundformen des Mind-Mapping werden seit Jahrtausenden angewandt: Der Rhetoriker Simonides von Keos (557–468 v. Chr.) wandelte mit seiner Mnemotechnik (Gedächtnishilfe) die Inhalte von Reden in Vorstellungsbilder und konnte so stundenlange Vorträge ohne Manuskript halten. Ramon Lull, (1232–1316), der bedeutendste katalanische Dichter, Denker und Philosoph, verband Wort und Bild zu einem Wissensbaum, der als Vorläufer der heutigen Mind-Maps gelten kann.

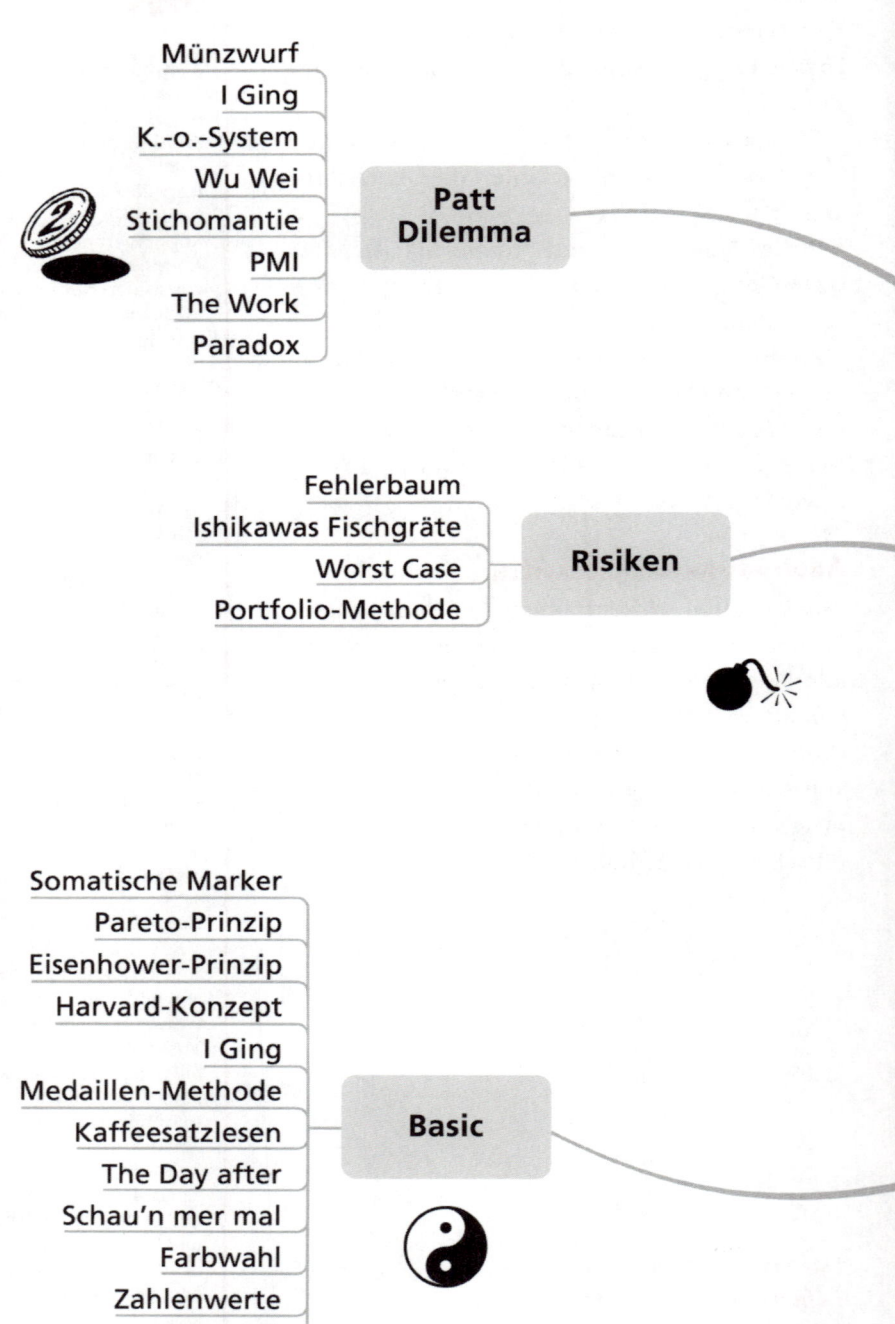

Münzwurf
I Ging
K.-o.-System
Wu Wei
Stichomantie
PMI
The Work
Paradox

Patt Dilemma

Fehlerbaum
Ishikawas Fischgräte
Worst Case
Portfolio-Methode

Risiken

Somatische Marker
Pareto-Prinzip
Eisenhower-Prinzip
Harvard-Konzept
I Ging
Medaillen-Methode
Kaffeesatzlesen
The Day after
Schau'n mer mal
Farbwahl
Zahlenwerte
66 Fragen

Basic

neue
Lösungen

Morphologische Matrix
Disneys Drei Stühle
Imaginationstechnik
Osborns Fragen
Sechs Denkhüte
Mind-Mapping

beste
Alternative

Gewichtete Entscheidungsmatrix
Entscheidungsbaum
Scoring-Methode
Kostenvergleich
Würfeln
Entscheidungsmatrix

ENT-
SCHEIDUNGS-
LAGEN

Klarheit

7 plusminus 2
PMI
CAF
Pendeln
Der große Wurf
SWOT-Analyse

Das Eisenhower-Prinzip

Zeit-Entscheidung

Wie man Prioritäten setzt

Der Weg zum Erfolg beginnt mit der Entscheidung, das Wichtigste zuerst zu tun. Dabei hilft das Eisenhower-Prinzip, denn es baut auf die Kunst, Wesentliches von Unwesentlichem zu trennen. »Kein weiser oder tapferer Mann legt sich auf die Schienen der Geschichte und wartet darauf, dass der Zug der Zukunft ihn überfährt«, meinte der US-Präsident und plante seine Tage, indem er klare Entscheidungen traf, was zu tun und was zu lassen war. Der Erfolgsfaktor »First things first« steht hinter dem Eisenhower-Prinzip, das erst viel später unter dem Begriff Zeitmanagement Furore machte.

Bei einem Großteil ihres Arbeitspensums orientieren sich die meisten Menschen nicht an der Wichtigkeit der Aufgaben, sondern an eigenen Vorlieben, am Druck von außen und an der Reihenfolge, in der etwas in ihrem Zuständigkeitsbereich landet. Entscheidend für den Erfolg ist allerdings, dass das Wichtigste zuerst erledigt wird. Eigentlich eine Binsenweisheit, und doch wird sie in den seltensten Fällen umgesetzt. Dwight D. Eisenhowers Prinzip ist eine Entscheidungsmethode, systematisch das Wichtige sofort anzupacken und das Unwichtige, auch wenn es drängt, liegen zu lassen, zu delegieren oder einfach in den Papierkorb zu befördern.

Tools

- Papier und Stift
- Terminkalender
- Papierkorb
- alle Aufgaben, die es zu sortieren gilt

Go

- Alle Aufgaben und Ziele werden nach den Kriterien gewichtet: wichtig und unwichtig, eilig und nicht eilig
- Dadurch ergibt sich eine Verteilung der Arbeiten, Aufgaben und Ziele in vier Gruppen:

- Aufgaben, die wichtig und eilig sind
- Aufgaben, die wichtig, aber nicht eilig sind
- Aufgaben, die unwichtig, dafür aber eilig sind
- Aufgaben, die unwichtig und nicht eilig sind

Diese vier Aufgabengruppen werden so behandelt

- unwichtig und nicht eilig: in den Papierkorb!
- unwichtig, aber eilig: delegieren!
- wichtig, aber nicht eilig: in den Zeitplaner eintragen und zu einem späteren Zeitpunkt bearbeiten!
- wichtig und eilig: sofort erledigen!

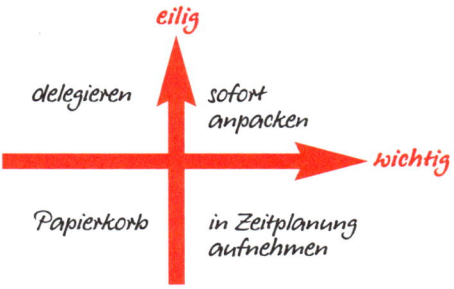

Wer jeden Tag zehn Minuten in die Zeit-Entscheidung investiert, richtet sein Arbeitssystem systematisch auf die relevanten Prozesse aus und schärft den Blick für das, was nur Zeit kostet, aber nichts bewegt.

58. Dui –
Das Heitere,
der See

Dwight D. Eisenhower (1880–1969) galt als »Preuße im Weißen Haus« und hielt perfekte Organisation für eine Grundvoraussetzung des Erfolgs. 1953 wurde er als 34. Präsident der USA vereidigt. Er war im Zweiten Weltkrieg Befehlshaber des wohl größten amphibischen Feldzugs der Geschichte, der Landung der alliierten Truppen in der Normandie. Als Eisenhower 1961 in den Ruhestand ging, wurde er von einem Journalisten gefragt, was er in Zukunft tun werde. Der Mann, der sein Leben lang diszipliniert seine Aufgaben erfüllt hatte, antwortete: »Ach, junger Mann, nur keine Hektik! Ich werde erst einmal einen Schaukelstuhl auf die Veranda stellen. Darin werde ich sechs Monate lang ruhig sitzen. Und dann werde ich ganz langsam anfangen zu schaukeln.«

Das Pareto-Prinzip (siehe Seite 86/87), wurde im 19. Jahrhundert von Vilfredo Pareto (1848–1923), Professor für politische Ökonomie in Lausanne, entwickelt. Es besagt, dass 80 Prozent der Umsätze mit 20 Prozent der Kunden erwirtschaftet werden. Diese 80/20-Formel lässt sich auf viele Bereiche anwenden. Das Eisenhower-Prinzip ist eine effektive Umsetzung dieser Regel in der Praxis.

Ich glaube an das Paradoxon des Erfolges durch Scheitern.

ELBERT HUBBARD

Farbwahl

Farben können helfen, die im Entscheidungsprozess mitschwingenden Stimmungen und Gefühle zu klären. Jeder Mensch umgibt sich intuitiv mit den Farben, die ihm angenehm sind. Einrichtung, Kleidung, Autofarbe – all dies ist Ausdruck der Persönlichkeit. Die Farbwahl ist immer auch eine Selbstaussage und zeigt den inneren Status. Psychologische Verfahren wie der Lüscher-Test ordnen den verschiedenen Farben unterschiedliche Gefühle und Charaktereigenschaften zu. Möchte man Einblick in die nichtrationalen Beweggründe der an einer Entscheidung Beteiligten gewinnen, ist ein solcher Farbtest ein interessantes Experiment.

Tools
- Eigene Farbkarten oder die Vorlage in der vorderen Umschlagklappe

Go
- Die Frage wird formuliert, sie kann sich auf eine Situation, eine Grundstimmung, einen Mitarbeiter, einen Kontakt beziehen.
- Beispiele: Welche Stimmung bringt der Mitarbeiter ins Team? In welcher Phase steckt mein Kind momentan? Wie sollte ich an das Gespräch mit meinem Chef herangehen?
- Die Frage wird gestellt, der Blick ruht auf den Farbfeldern.
- Die Entscheidung fällt spontan für die Farbe, die sich passend anfühlt. Die Deutung der gewählten Farbe bietet Entscheidungshilfe, weil sie emotionale Hintergründe transparent macht.

Farbdeutung in Kurzform

Rot – *Schlagworte positiv:* Leidenschaft, Selbstvertrauen, Kraft, Lebenslust; *negativ:* Triebhaftigkeit, Wut, Ungestüm

Menschen, die Rot lieben, haben Power, werden als Führungspersönlichkeiten wahrgenommen und verstehen sich als Leitwolf. Sie teilen sich den anderen deutlich mit und schätzen Widerspruch nicht. Sie verlangen viel von sich selbst und erwarten den gleichen Einsatz von anderen Menschen. Sie sind begeisterungsfähig und willensstark, brauchen Bewegung und sind sicher, dass Stillstand Rückschritt bedeutet.

Blau – *positiv:* Gelassenheit, Sicherheit; *negativ:* Langeweile, Naivität, Leere

Menschen, die sich mit Blau umgeben, sind introvertiert, legen Wert auf Klarheit und Sachlichkeit, brauchen Harmonie und Ausgeglichenheit. Eigenes Chaos macht sie nervös, allerdings stört es sie nicht sonderlich, wenn andere chaotisch sind. Sie streben nach Wahrheit und Klarheit, aber eher auf der intellektuellen Schiene. Auf ihre Mitmenschen wirken sie manchmal kühl; sie klären in sich, was sie bewegt.

Gelb – *positiv:* Freude, Entfaltung, Phantasie; *negativ:* Oberflächlichkeit, Selbstüberschätzung

Menschen, die zu Gelb tendieren, sind lebenslustig, interessiert an allem, was um sie herum geschieht, und optimistisch, dass sich jedes Problem lösen lässt. Selbst großzügig und tolerant, legen sie Wert auf ihre Unabhängigkeit. Sie handeln rasch und entschieden, manchmal ein wenig hektisch, sind aber oft den anderen eine Nasenlänge voraus. Materieller Erfolg ist für sie das Synonym für Bestätigung und Anerkennung, sie haben den sprichwörtlichen Riecher für Geld.

Grün – *positiv:* Gleichgewicht, Wachstum, Hoffnung; *negativ:* Unehrlichkeit, Ehrgeiz, Macht

Menschen, die sich mit Grün wohl fühlen, sind zuverlässig und beständig, verfolgen ihre Ziele beharrlich und zäh. Finanzielle Sicherheit, Karriere und Anerkennung sind ihnen wichtig. Sie sind herzlich und liebenswürdig, strahlen innere Sicherheit und Ausgeglichenheit aus. Als gute Zuhörer und verlässliche Freunde werden sie gemocht und gelten als vertrauenswürdig. Voraussetzung für ihr Wohlbefinden ist ein sicherer Standpunkt, deshalb sind sie schnell verunsichert, wenn sie einmal nicht durchblicken.

52. Gen – Das Stillhalten, der Berg

Isaac Newton (1643–1727), englischer Astronom, Physiker und Mathematiker, fand heraus, dass man das »weiße« Licht der Sonne in die Farben des Regenbogens »zerlegen« kann, wenn man einen Lichtstrahl durch ein Glas- oder Wasserprisma leitet. Schaltet man ein weiteres Prisma dahinter, erscheint wieder der weiße Lichtstrahl. Die Naturwissenschaftler erklärten später Licht und Farben als elektromagnetische Wellen unterschiedlicher Länge – beziehungsweise als Photonen.

Goethe betrachtete die Farben eher von ihrer qualitativen Seite, für ihn waren sie »Taten und Leiden des Lichts«, die eine »sinnlich-sittliche Wirkung« auf die Menschen ausüben. Seine umfangreiche *Farbenlehre* (1810) war ihm nach eigenen Aussagen wichtiger als sein dichterisches Werk.

Der Psychologe Prof. Max Lüscher (geboren 1923) erfand den wohl bekanntesten Farbtest der letzten fünfzig Jahre. Der 1947 veröffentlichte Lüscher-Test wurde in 29 Sprachen übersetzt. Lüschers Forschungen und seine Publikationen haben viele Unternehmen dazu gebracht, bei Einstellungstests Farben in das Bewertungsschema einzubeziehen. Lüscher arbeitete zunächst mit acht Farben, setzt aber mittlerweile vier Farben als Grundmuster ein.

Wir müssen dafür sorgen, dass die Brücke nicht schmaler ist als der Fluss.

SOPHOKLES

K.-o.-System

Wie aus Masse Klasse wird

Wer die Wahl hat, hat die Qual. Und wer aus einem unüberschaubaren Angebot das Richtige auswählen will, ist mit dem K.-o.-System bestens bedient. Die richtige Autoversicherung? Die beste Schule? Die ideale Software? Die besten Stürmer fürs nächste Spiel? Das K.-o.-System ist eine Zeit und Energie sparende Methode, unter vielen Möglichkeiten die beste zu erkennen.

Wer in der Buchhandlung die ersten zwei Seiten eines Buches anliest, das Inhaltsverzeichnis prüft, ein zweites Buch nimmt, darin blättert und dann entscheidet, welches Buch er nimmt, nutzt das K.-o.-System intuitiv. Das ausgemusterte Buch weiter zu prüfen wäre reine Zeitverschwendung, was nicht das Richtige ist, kann getrost abgehakt werden.

Diesem Prinzip folgt das K.-o.-System: Es wird aussortiert, was den eigenen Anforderungen nicht genügt. Wenn die Alternativen den Kriterien-Filter durchlaufen, schrumpfen Berge von Möglichkeiten schnell zu einer übersichtlichen Auswahl, die dann weiter gesichtet wird. Das K.-o.-Prinzip hilft bis zur Endrunde.

Wichtig: Bei diesem System ist es wichtig zu wissen, was man will und was man nicht will. Man muss klare Kriterien schaffen.

Beispiele: Bei der Wahl eines neuen Staubsaugers hilft das K.-o.-Prinzip, wenn man persönlich die Kriterien »für Allergiker geeignet« und »effektiv gegen Tierhaare« im Ranking nach oben stellt. Alle Modelle, die diesen Anforderungen nicht genügen, fallen umgehend raus. Bei der Wahl eines neuen Produktnamens ist die Frage, ob der Name bereits von einem anderen geschützt wurde, entscheidend für den Prozess. Jede weitere Debatte erübrigt sich, wenn schon Markenschutz besteht.

Tools

- alle Unterlagen, die zum Entscheidungsvorgang gehören, also: Angebote, Tarife, Bewerbungen, Kataloge, Ideen-Papiere etc.
- Papier und Stift oder ein Schreibprogramm für die Kriterienliste

Go

- Die Sachlage ist klar: Worüber soll entschieden werden? Welche Alternativen stehen zur Wahl?
- Die Auswahlkriterien werden festgelegt (zum Beispiel: »für Allergiker geeignet«, »auf dem deutschen Markt noch nicht eingeführt« usw.). Je genauer hier definiert wird, umso klarer kann später der K.-o.-Entscheid fallen.
- Spielräume sind trotzdem wichtig: Setzt man die Ansprüche zu hoch, stellt man sich selbst ins Aus. Die Quadratur des Kreises wird keine der Möglichkeiten leisten.
- Jetzt werden die Kriterien nach Relevanz geordnet – und nach Aufwand. Je größer der Aufwand, sie zu überprüfen, desto später sollten sie in der Reihenfolge stehen. Begonnen wird mit der am einfachsten zu erfüllenden Option.
- Die zur Debatte stehenden Alternativen werden im K.-o.-Stil aussortiert. Alle Optionen, die die einzelnen Kriterien nicht erfüllen, werden verworfen. So klärt sich die Lage mehr und mehr.
- »In's Ziel« kommt die Lösung, die alle Kriterien erfüllt. Die Entscheidung ist gefallen.

Tipp

Findet sich das Optimum nicht, steht man vor der Wahl, Kompromisse zu schließen oder aber die Entscheidung zu vertagen, bis sich zu einem anderen Zeitpunkt die Wunschversion findet.

16. Yü –
Die Begeisterung

Das Kürzel k.o. steht für »knocked out«. Man bezeichnet damit einen Sieg im Boxkampf vor Ablauf der vorgesehenen Anzahl von Runden (»Sieg durch K.o.«). Der Kampf wird entweder durch Niederschlag beendet, wenn der am Boden Liegende nach zehn Sekunden nicht wieder kampfbereit ist, oder der Kampfrichter erklärt einen schwer angeschlagenen und benommenen Boxer von sich aus als unterlegen (»Sieg durch technischen K.o.«).

K.o. wird als die Umkehrung des Begriffs o.k. betrachtet, der nachweislich das erste Mal 1839 in einer Satire der *Boston Morning Post* auftauchte: »O.k. – all correct.« Warum o.k. und nicht a.c., wenn es für »all correct« stehen soll? Hintergrund ist ein Sommertrend des Jahres 1838. Damals war es in Boston Mode, bewusst falsche Abkürzungen zu verwenden: k.g. für »geht nicht« (»know go« statt »no go«), k.y. für »zwecklos« (»know yuse« statt »no use«), n.s. für »genug gesagt« (»nuff said« statt »enough said«) – und eben o.k. für »alles klar«.

Viele sind hartnäckig in Bezug auf den einmal eingeschlagenen Weg, wenige in Bezug auf das Ziel.

NIETZSCHE

Entscheidungsmatrix

Wie Alternativen entscheidungsreif werden

Rationale Analyse braucht klare Strukturen, um entscheidungstauglich zu werden. Hier bietet die Entscheidungsmatrix eine bewährte Möglichkeit. Die Matrix (lateinisch: Stammmutter, also Urform) ist ein Schema, in dem Faktoren systematisch zueinander in Beziehung gesetzt werden. In relativ kurzer Zeit ist ein solches Schema ausgefüllt und ein klarer Blick auf die Sachlage gewonnen. Die Methode ist für jeden Entscheidungsbereich geeignet, egal, ob es sich um unternehmerische oder private Belange handelt.

Für relativ überschaubare Entscheidungsprozesse eignet sich die hier vorgestellte einfache Entscheidungsmatrix. Für komplexere Themen, bei denen nicht alle Kriterien gleichrangig bewertet werden können, sollte die Gewichtete Entscheidungsmatrix (siehe Seite 76/77) eingesetzt werden.

Beispiel: Bei der Anschaffung eines neuen Autos neigen viele Menschen dazu, das Nachfolgemodell des gewohnten Modells zu kaufen. Leicht werden dabei Kriterien übersehen, die sich seit dem damaligen Kaufentscheid geändert haben. Ein Baby, ein gewachsenes Sicherheitsbedürfnis, ein veränderter Fahrstil? All das fließt idealerweise in eine Entscheidung ein. Die Entscheidungsmatrix für eine Familie mit zwei Kindern könnte so aussehen (bei Punktevergabe von 6 = optimal bis 1 = schlecht):

Thema Auto	Limousine	Kombi	Van
Familientauglichkeit	4	4	6
Sicherheit	4	5	6
Günstiger Anschaffungspreis	1	6	5
Laufende Kosten	1	5	4
Testergebnisse	6	5	5
Fahrspaß	1	6	6
Geräumigkeit	3	4	6
Parkeigenschaften	1	5	4
Ergebnis / Summe	21	41	42

Die Limousine fällt weit ab. Der Van siegt knapp, gefolgt vom Kombi. Hier kann jetzt eine neue Runde oder die gewichtete Entscheidungsmatrix helfen, die beiden Möglichkeiten detaillierter anzusehen und neu gegeneinander abzuwägen.

Tools
- Papier und Stifte
- Computer-Tabellenprogramm

Go
- Das Matrix-Raster mit Alternativen und Kriterien wird erstellt (siehe Beispiel).
- Alle Alternativen und die dazugehörigen Kriterien werden in die Entscheidungsmatrix eingetragen.
- Die Tabelle kann während des Ausfüllens angepasst werden, falls sich neue Kriterien oder Alternativen ergeben. Sie wird beliebig erweitert, bis alle Aspekte eingetragen sind.
- Es werden ausschließlich positive Kriterien eingetragen. (Die Technik funktioniert alternativ ebenso mit ausschließlich negativen Inhalten, wenn es darum geht, Worst-Case-Szenarien zu bewerten. Eine Vermischung beider Kriterien hebelt das Bewertungsschema aus.)
- Die Entscheidungsmatrix wird von der Person oder den beteiligten Personen bewertet, die eine Entscheidung treffen müssen. Das sind je nach Situation ein Team, eine Einzelperson, eine Familie.
- Vergeben werden Punktnoten von 1 bis 6. Sechs ist das Optimum bei einer Entscheidungsalternative. Eins ist die niedrigste Bewertung. Die Bewertungen mehrerer Personen werden addiert.
- Wenn alle Kriterien benotet sind, wird summiert.
- Die Alternative mit der höchsten Bewertung ist die rational richtige.
- Sind zwei Alternativen gleichwertig, kann das Verfahren mit negativen Kriterien noch einmal wiederholt werden, in diesem zweiten Durchgang kristallisiert sich dann die eindeutig beste Lösung heraus.

63. Gi Dsi -
Nach der Vollendung

Das Prinzip der Matrix wurde erstmals 1683 von dem japanischen Mathematiker Seki Kowa (1642–1708) und – unabhängig von ihm – 1693 von dem deutschen Universalgelehrten Gottfried Wilhelm Leibniz (1646–1716) definiert. Die mathematische Matrix stellt eine Anordnung von Elementen in mehreren Richtungen dar. Sie besteht aus formal zusammengesetzten Reihen, Zahlen und Kriterien. Die bekannteste Form ist die Tabelle, es können aber ebenso Formelreihen sein, die nach einem definierten Muster aufgebaut sind. Der Begriff Matrix wurde 1850 von dem englischen Mathematikprofessor James Joseph Sylvester (1841–1897) geprägt.

Der Philosoph und Mathematiker Leibniz erfand eine zu seiner Zeit spektakuläre Rechenmaschine. Er sagte: »Das einzige Mittel, unsere Schlussfolgerungen zu verbessern, ist, sie ebenso anschaulich zu machen, wie es die der Mathematiker sind, derart, dass man seinen Irrtum mit den Augen findet und, wenn es Streitigkeiten unter den Leuten gibt, man nur zu sagen braucht: ›Rechnen wir!‹ ohne eine weitere Förmlichkeit, um zu sehen, wer Recht hat.« Leibniz war der erste Bürgerliche, dem in Deutschland ein Denkmal gesetzt wurde.

Verwandle große Schwierigkeiten in kleine und kleine in gar keine.

CHINESISCHES
SPRICHWORT

Wie man Lösungen im Nichtstun findet

Wer aufhört zu suchen,
ergreift die Chance, Entscheidendes zu entdecken.

34. Da Dschuang –
Des Großen Macht

Der legendäre chinesische
Denker Laotse (Wirkungszeit:
vermutlich 3. bis 4. Jahrhundert
v. Chr.), Begründer des
Taoismus (*dao* = der Weg, die
Methode, das Prinzip), schuf
den Begriff *Wu Wei*. Er bezeichnet eine Haltung, die uns
Europäern zunächst paradox
erscheint: ein Nicht-Tun, das
gleichzeitig absolutes Handeln
ist. *Wu wei* bedeutet, ohne
kontraproduktiven Eifer, falschen Ehrgeiz und eigenwillige
Vorstellungen in der eigenen
Mitte zu ruhen und geschehen
zu lassen. Wu Wei beinhaltet
auch, Entscheidungen niemals
gegen die innere Autorität zu
treffen.

Es sind nicht die Dinge, die
uns beunruhigen, sondern
unsere Meinung über die
Dinge.

SENECA

61

Zahlenwerte

Wie man Zahlen dechiffriert

Geschäftsberichte, Termine, Daten, Projektzahlen, Kennzahlen und Kurse: Im Alltag ist jeder Mensch von Zahlen umgeben, trifft Entscheidungen, die von Zahlen abhängen, jongliert mit Zahlen und orientiert sich an ihnen.

Aber mit Zahlen lässt sich noch mehr anfangen als Termine eintragen, Rechenaufgaben lösen oder Gewinne ermitteln. Sie drücken nicht nur Quantität aus, sondern immer auch eine Qualität. Diese Qualität ist nicht erdacht oder konstruiert, sie fußt auf Symbolik, die vom Bewusstsein erkannt, aber nicht geschaffen wird. Dieses Symbolverständnis ist dem Tiefenpsychologen C. G. Jung zu verdanken, der nachwies, dass das Unbewusste in Symbolen und Bildern spricht, die nicht erlernt werden müssen, sondern in jedem Mensch bereits vorhanden sind. Ihm zufolge hat jede einstellige Zahl eine eigene archetypische Qualität, also eine besondere symbolische Aussagekraft.

In der Numerologie werden die Zahlen als Chiffren verstanden, aus denen sich Botschaften, Hintergründe und Wegweiser ablesen lassen. Der Namenszahl, die sich aus dem Zahlenwert der einzelnen Buchstaben zusammensetzt, wird ebenso eine Bedeutung zugemessen wie der Quersumme aus den Geburtsdaten, der Charakterzahl. Die Sieben gilt in vielen Kulturen als Glückszahl, sie ist traditionell eine »heilige« Zahl und steht für die Vollkommenheit des Universums. So gilt der siebte Tag der Schöpfungsgeschichte als Tag der Ruhe nach der Erschaffung der Welt. Nicht immer ist die tiefere Bedeutung der Zahlenwerte in das Alltagswissen lupenrein eingegangen. Die 13 steht für etwas Neues, das die bisherige (in der 12 symbolisierte) harmonische Ordnung sprengt. Die abergläubische Umdeutung hat zur Folge, dass es Straßen gibt, in denen die Hausnummer 13 fehlt, Hotels, die keinen 13. Stock oder keine Zimmernummer 13 haben.

Tools

- die Daten, deren Aussagewert gedeutet werden soll
- Tabelle zur Umwandlung der Buchstaben in Zahlen

1	2	3	4	5	6	7	8	9
A	B	C	D	E	F	G	H	I
J	K	L	M	N	O	P	Q	R
S	T	U	V	W	X	Y	Z	

60

• Um eine persönliche Namenszahl zu ermitteln, werden die Zahlenwerte der Buchstaben des Vornamens und des Nachnamens addiert.

C A R L A S C H M I D T
 3 1 9 3 1 1 3 8 4 9 4 2
Rechnung: 3+1+9+3+1+1+3+8+4+9+4+2 =48
4+8=12
1+2=3
Die Namenszahl ist die Drei. Sie zeigt Eigenschaften und Talente, Anlagen.

• Wenn Geburtsdaten oder Termine hinterfragt werden sollen, werden die Daten so aufgeschlüsselt:

13.04.1998
1+3+0+4+1+9+9+8 = 35
3+5=8
Die Zahl Acht ist die Schlüsselzahl.

• Entscheidungen, die durch numerologische Aussagen gestützt werden, können jeden Lebensbereich betreffen.
• Bei Vertragsabschlüssen kann das Datum gedeutet werden, bei der Mitarbeiterwahl kann die Charakterzahl miteinbezogen werden.
• Bei wichtigen Terminen kann man darauf schauen, ob die Zahl mit der eigenen Persönlichkeitszahl harmoniert.
• Wer einer Entscheidung skeptisch gegenübersteht, kann das Ergebnis (wie beim Münzwurf, siehe Seite 20/21) zum Abgleich mit dem eigenen Gefühl nutzen.
• Die Deutung der neun Grundzahlen (siehe Anhang, Seite 123 f.) gibt Aufschluss über Symbolik, Persönlichkeit oder Tagesqualität.

 61. Dschung Fu –
Innere Wahrheit

Dem Mathematiker, Philosophen und Mystiker Pythagoras von Samos (ca. 570 bis 497 v. Chr.) verdanken wir neben der legendären Formel »$a^2 + b^2 = c^2$« auch das älteste überlieferte numerologische System: Jedem Buchstaben des Alphabets ist eine Zahl zugeordnet, und diese Zahl hat einen Aussagegehalt, der über den abstrakten Wert weit hinausgeht. »Alles ist Zahl« war Pythagoras Leitspruch.

Das erste überlieferte Zahlensystem stammt von den Maya und ist ca. 8000 Jahre alt. Aufzeichnungen über die Deutung der Zahlen lassen sich in Ägypten und Israel, in Indien, Babylon und China bis etwa 4000 v. Chr. zurückverfolgen. In der chinesischen »Frühlings- und Herbstperiode« (770 – 476 v. Chr.) war die Numerologie selbstverständlicher Teil politischer Entscheidungen, wie diese Episode zeigt: Elf Generäle berieten, ob sie ihre Truppen in die Schlacht schicken sollten oder nicht. Nach stundenlanger Beratung und Diskussion aller Strategien und Taktiken kam es zur Abstimmung. Das Ergebnis war eindeutig. Acht Generäle, unter ihnen der Oberkommandierende, stimmten für den Angriff, drei für den Rückzug. Sofort wurde der Rückzug angetreten; denn die Drei galt im alten China als Zahl der Einheit. Da genau drei Generäle für Rückzug stimmten, war das ein viel stärkeres Zeichen als die zahlenmäßige Überlegenheit der acht Stimmen, die für den Angriff votierten.

Das Wissen um den richtigen Zeitpunkt ist der halbe Erfolg.

COUVE DE MURVILLE

Entscheidungsbaum

Eine Wahl zwischen mehreren Alternativen lässt sich mit gutem Gewissen treffen, wenn die Folgen der jeweiligen Entscheidung berechenbar und vorhersehbar sind. Der Entscheidungsbaum ermöglicht genau dies durch seine hierarchische Struktur, die systematische Entscheidungsregeln offenbart. Wer für eine Entscheidung alle ihre Konsequenzen mitbedenken möchte, kann seine Erkenntnis am Entscheidungsbaum wachsen lassen.

Der Entscheidungsbaum eignet sich zur Problemlösung ebenso wie zur Entscheidungsfindung, er funktioniert nach dem Wenn-Dann-Prinzip. Für mehrere Wahlmöglichkeiten wird die Wahrscheinlichkeit betrachtet, mit der die jeweiligen Folgeerscheinungen eintreten. Jede Support-Anweisung basiert auf einer Entscheidungsbaumstruktur. Mediziner, Statistiker arbeiten damit ebenso wie Informatiker und natürlich die Entscheider ökonomischer Prozesse. Auch im Consumer Management werden Entscheidungsbäume genutzt, um Kaufentscheidungsprozesse von Kunden zu simulieren: »Zum Rotwein brauche ich noch Brot, und wenn es Brot gibt, brauche ich Käse und … und …« Die daraus resultierende Artikelfolge stützt sich auf Daten der Händler, Konsumentenpanels etc. Der Entscheidungsbaum ist eine hochqualifizierte Entscheidungsgrundlage, die vorhersehbare Ergebnisse liefert.

Beispiel: Die Frage eines Ärzteteams, ob eine 40-jährige Patientin, die an einem Aneurysma (Erweiterung der Arterie oder Herzwand) leidet, operiert werden soll oder nicht, stellt sich in einem Entscheidungsbaum so dar:

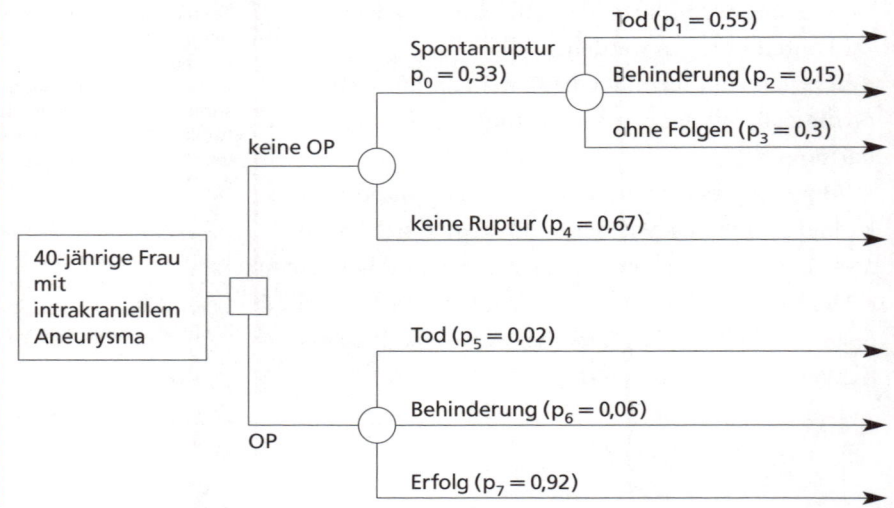

Tools

• Papier und Stifte
• alternativ ein PC-Programm, das die Entschei-
dungsbaumstrukturen beherrscht
• alle Daten und Angaben, Statistiken zu den verschiedenen Alternativen

Go

• Die Fragestellung wird definiert.
• Sie wird notiert und ist der Ausgangspunkt für die
Baumstruktur.
• Von hier aus verzweigen sich die Äste, die für die
verschiedenen Entscheidungsmöglichkeiten stehen,
hierarchisch: Die *erste Ebene* der Verästelungen zeigt
die Optionen; die *zweite Ebene* die daraus resultierenden Ereignisse oder aber die Variablen. Die *dritte
Ebene* zeigt die jeweiligen Konsequenzen.
• Auf jeder Ebene befinden sich nur Elemente eines
Typs. Also nur Entscheidungen oder nur Ereignisse
oder nur Konsequenzen.
• Da nicht alle Ereignisse mit der gleichen Wahrscheinlichkeit eintreten, werden Wahrscheinlichkeits-
werte zugeordnet.
• Die Werte sind entweder bekannt, oder sie werden
geschätzt. Sind die Werte bekannt, werden sie übernommen, bei Schätzungen ergeben die Werte einer
Ebene immer 1, die verschiedenen Möglichkeiten
werden also mit Prozentzahlen belegt.
• Die bewerteten Äste zeigen die Wahrscheinlichkeit
der voraussichtlichen Konsequenzen einer Entscheidung für die eine oder andere Alternative.
• Um die richtige Entscheidung auszuwählen, kann
dann die Minimax-Regel eingesetzt werden: Die Option, die beim Eintreten des ungünstigsten Falls das
höchste Ergebnis aufweist, wäre die »sichere Seite«.
• Die Maximax-Regel präferiert die Alternative, die
im günstigsten Fall das höchste Ergebnis erzielt. Das
ist die Strategie für Optimisten.

4. Da Yu –
Der Besitz von
Großem

Entscheidungsbäume basieren
auf der Entscheidungstheorie,
die die Methode des PATTERN
(Planning Assistance Through
Technical Evaluation of Rele-
vance Numbers) einsetzt. Aus-
gehend von einem Ziel werden
auf mehreren aufeinander folgenden Ebenen Alternativen
benannt, durch die ein definier-
tes Ziel erreicht werden kann.
Diese Alternativen werden bewertet und lassen eine Schluss-
folgerung zu, welche Alternative am erfolgreichsten zum
Ziel führt.
Das wohl populärste Wahr-
scheinlichkeitsgesetz der
Neuzeit ist Murphy's Law:
»Alles, was schief gehen kann,
wird auch schief gehen.« Formuliert wurde die Grundform
dieses Gesetzes im Jahr 1949
von Edward A. Murphy junior,
einem Flugzeugkonstrukteur
der U.S. Air Force. Ein falsch
verkabelter Messwandler sorgte
für eine teure Panne, also
folgerte Murphy: »Wenn es zwei
oder mehr Möglichkeiten gibt,
etwas zu tun, und eine dieser
Möglichkeiten zu einer Katastrophe führt, dann wird irgend-
jemand sich für genau diese
Möglichkeit entscheiden!«

*Erfolg hat drei Buchstaben:
TUN.*

GOETHE

Paradox

Wie aus Umkehrungen Lösungen werden

Wenn Entscheidungen schwer fallen, wenn eingefahrene Unternehmensleitsätze einer Überprüfung bedürfen, wenn neue Erfolgsstrategien gesucht werden, ist es Zeit, die Sachlage einmal aus einer völlig anderen Perspektive in den Blick zu nehmen und im Paradox die Lösung zu finden. Abgesehen davon, dass es Spaß macht, tauchen im verkehrten Weltbild erstaunliche Wahrheiten auf. Indem man Antworten und Ereignisse sammelt, die auf gar keinen Fall eintreten sollen, erstellt man automatisch einen Risikokatalog. Und indem man Risiko-Abwehrmaßnahmen bildet, finden sich die gesuchten Erfolgsbedingungen.

Bei der Frage »Wie verhindern wir, dass die TV-Serie eine möglichst hohe Einschaltquote hat?« dürfte der Themenkatalog von »am Zeitgeist vorbeischreiben« bis zu »keine Öffentlichkeitsarbeit« reichen. Beim Thema »Wie halten wir unsere Kunden möglichst lange in der telefonischen Warteschleife?« finden sich über vielfältige Ideen, Kunden zu verärgern, wie nebenbei auch die entscheidenden Erfolgsparameter! Auch bei privaten Problemen oder Entscheidungen ist das paradoxe Brainstorming hilfreich. Die Vorstellung »Wie vergraulen wir die Gäste« dürfte ebenso spannend werden wie die Frage: »Wie können wir uns das nächste Wochenende wieder gründlich verderben?« (Besonders geeignet bei langweiligen Beziehungen.)

Betrachtet man die »verkehrte Welt«, stellt sich oft genug heraus, dass die zusammengesuchten Garanten für Misserfolg längst gängige Praxis sind. In jedem Fall bringt die Möglichkeit, die Sachlage von der entgegengesetzten Seite zu sehen, Bewegung in eingefahrene Denkmodelle, Strukturen, Projektplanungen – und macht Risiken bewusst.

Tools
- Papier und Stifte
- 30 Minuten Zeit
- Spaß am Ideenfinden
- geeignet für Einzel- oder Teamsitzungen

Go
- Die Frage wird formuliert. Beispiel: »Wie kann ich meinen Erfolg endgültig verhindern?« – »Wie stellen wir sicher, dass unsere Kunden das neue Produkt nicht verstehen?« – »Wie bringe ich meine Kinder dazu, möglichst lange aufzubleiben?«

- Alle Gedankenblitze und Einfälle werden aufgeschrieben.
- Es wird nicht kritisiert!
- Es kann nicht verrückt genug sein!
- Alles ist erlaubt!
- Nach Ablauf der Zeit werden die Ideen auf das ursprüngliche Thema zurückbezogen.
- Diese Fragen werden gestellt:

Was wird bereits so gemacht und muss demzufolge dringend geändert werden? (Beispiel: Kinder können durch Cola, Gruselgeschichten, abendliche Übungsdiktate, PC-Spiele oder viel Fernsehen am Schlafengehen gehindert werden.)

Wie sieht in der Umkehrung die Erfolgsstrategie aus? Hier offenbaren sich ungeahnt einfache Lösungen, aber auch schwer zu überwindende Klippen.

Welche Lösungen ergeben sich aus dem Ideenpool? Hier werden die Ideen konkretisiert und realitätstüchtig gemacht.

- Die Entscheidung für die richtige Strategie kann fallen, da durch die paradoxe Fragestellung kontraproduktive Fallen aufgedeckt und bisher ungenutzte Möglichkeiten gefunden werden.

48. Dsing –
Der Brunnen

Dass sich ein Problem manchmal besser vom Schwanz aufzäumen lässt, hat Karl Duncker (1903–1940), Mitbegründer der Gestaltpsychologie, bereits 1935 nachgewiesen. Die Tatsache, dass »aktive« und »passive« Problemformulierungen zu signifikant anderen Lösungsvorschlägen führen, zeigt sich in dem klassischen Beispiel vom Raben, der Durst hat, mit seinem Schnabel aber nicht in die Wasserflasche hineinkommt. Die nahe liegende Frage: »Wie komme ich an das Wasser?« wird getauscht in: »Wie kommt das Wasser zu mir?« Eine Lösung wäre, Steinchen in die Flasche zu werfen, bis der Wasserspiegel so hoch steigt, dass er mit dem Schnabel erreicht wird.

Ein Paradoxon (griechisch: das Unerwartete) ist das scheinbar Widersinnige, der allgemeinen Meinung und Kenntnis Widersprechende. Auch ein unfassbarer Gedanke wird als Paradoxon bezeichnet. Im Paradoxon *des fliegenden Pfeils* zeigt der griechische Philosph Zenon von Elea (430–490 v. Chr.), dass der fliegende Pfeil stillsteht. Er steht zu jedem Zeitpunkt an einer bestimmten Stelle, bewegt sich nicht dort, wo er ist und auch nicht dort, wo er nicht ist. Dennoch fliegt er. Zenon verwendete die Paradoxien als Grundlage indirekter Beweise.

Phantasie ist alles.
Es ist die Vorschau auf
die kommenden Ereignisse
des Lebens.
ALBERT EINSTEIN

Würfeln

Wie man heute erfährt, was morgen Sache ist

Alle Sachfragen sind geklärt, es gibt keine weiteren analytischen Möglichkeiten – und die Entscheidung fällt immer noch schwer? Dann kann eine Frage an die Würfel gestellt werden: Die Chance, mit Würfeln zu der richtigen Entscheidung zu kommen, liegt in der numerologischen, also der traditionellen qualitativen Aussage der Zahlen begründet. Bereits Pythagoras belegte die Zahlen mit Inhalten, die weit über den rechnerischen Wert hinausgehen.

Das Würfeln und das Deuten des ermittelten Zahlenwertes greifen auf das Prinzip der Synchronizität (griechisch: *syn* = mit und *chronos* = Zeit) zurück, das der Tiefenpsychologe C.G. Jung beschrieben hat: Frage und Antwort hängen nicht kausal (also als Ursache und Wirkung) zusammen, sondern werden in ihrer Gleichzeitigkeit als Abgleich des Inneren mit der äußeren Welt verstanden. Eine Frage, die gestellt und via Würfel, I Ging oder Kartenlegen beantwortet wird, liegt sozusagen auf der gleichen Frequenz wie die Antwort.

Beispiel und Deutung: Die Frage nach einem Prüfungsergebnis – »Werde ich die Prüfung bestehen?« – wird durch die Würfel mit den Augenzahlen Eins und Sechs beantwortet. Der Deutungstext dazu lautet:

»**1+6.** Ja – sofern die Bereitschaft besteht, großen Einsatz zu bringen. Der Erfolg ergibt sich nicht automatisch. Der entscheidende Beitrag liegt auf der Seite des Fragestellers. Nicht zu früh mit Erfolgsprognosen nach außen gehen!«

Die Eins steht numerologisch für ein »Alles ist möglich«, einen Sieg, den man erringen kann, wenn man sein Bestes dafür gegeben hat. Die Sechs steht für Vollkommenheit, aber auch für Strukturen und Ordnung. Ist alles für die Prüfung getan, kann mit dem Erfolg gerechnet werden; bestand die Vorbereitung eher aus Gedankenspielen, ist auch ein Scheitern möglich. Hier kommt es darauf an, sich selbstkritisch einzuschätzen, und wenn alle Vorbereitungen getroffen sind, auf »Sieg« zu setzen!

Hinweis

Dieses Prinzip sollte nicht mehrfach hintereinander genutzt werden, da die Befragung dann nicht mehr dem Modell der Synchronizität entspricht. Das Ergebnis wird immer unklarer und nähert sich statistischen Werten.

Tools

• zwei Würfel

Go

• Die Frage wird so formuliert, dass sie mit Ja oder mit Nein beantwortet werden kann.
• Zwei Würfel liegen in der linken Hand.
• Die Konzentration ist auf die Frage gerichtet.
• Die Hände werden über den Würfeln geschlossen.
• Die Würfel werden geschüttelt.
• Es wird intuitiv im richtigen Moment gewürfelt.
• Das Ergebnis und damit die Antwort stehen fest.
• Die Deutung wird im Anhang (Seite 129 f.) nachgeschlagen.

Wer etwas bei sich selbst durchzusetzen versteht, der versteht auch, es bei anderen durchzusetzen.

KONFUZIUS

4. Mong –
Die Jugendtorheit

Gewürfelt wird seit Menschengedenken. Im Römischen Reich waren die Würfel eine bewährte Form der Entscheidungshilfe und auch der Ereignis-Vorhersage.

Kaiser Tiberius (42 v. Chr. bis 37 n. Chr.) erfuhr durch die Würfel, dass er den Kaiserthron besteigen würde, und Caesar (100 – 44 v. Chr.) fasste die Überschreitung des Rubikon als entscheidenden Schritt zum Erfolg in den legendären Satz: »Alea iacta sunt!« (Die Würfel sind gefallen!).

Nur wenigen Eingeweihten waren die Zahlenbedeutungen zugänglich, die Regenten gehörten natürlich zu diesem Kreis. Noch im Mittelalter warfen die Richter die Würfel, ehe sie das Urteil sprachen. Auf diese Weise befragten sie den Bereich, der außerhalb der rationalen und emotionalen Wahrnehmung liegt, und bezogen das Ergebnis in die Urteilsfindung ein.

Eine schwedische Legende erzählt von zwei Königen, die einst mit Würfeln statt mit Waffen kämpften. Wer die höchste Augenzahl erzielte, dem würde das Reich des anderen zufallen. Der erste König würfelte zwei Sechser und wähnte sich bereits als Sieger. Der andere König gab sich nicht geschlagen, auch er würfelte. Der eine Würfel zeigte eine Sechs. Der andere zerbrach. Die zerbrochenen Teile zeigten eine Eins und eine Sechs.

Kostenvergleich

Wie man Investitionen durchleuchtet

Viele Entscheidungen haben im Umfeld wirtschaftlichen Handelns mit Kapital zu tun, das mit höchstmöglicher Umsicht investiert werden soll. Um eine Entscheidung quantitativ nachvollziehbar und vertretbar zu machen, können Investitionen mit Hilfe von Kostenvergleichsrechnung, Gewinnvergleichsrechnung, Rentabilitätsvergleichsrechnung oder Amortisationsvergleichsrechnung dargestellt werden. Diese Techniken eignen sich, um Investitionsalternativen transparent und damit entscheidungsreif zu machen.

Bei der Kostenvergleichsrechnung werden unterschiedliche Alternativen und die sich jährlich aus ihnen ergebenden Durchschnittskosten betrachtet. Zu den Kosten einer Investition gehören Kapitalkosten (Abschreibungen und kalkulatorische Zinsen), Betriebskosten, Personal-, Material-, Instandhaltungs-, Raum- und Energiekosten. Die Abschreibungen benennen die Wertminderung des Investitionsobjektes in den verschiedenen Perioden der Nutzungsdauer.

Bei der Anschaffung und Finanzierung eines neuen Firmenwagens beispielsweise ist die Kostenvergleichsrechnung sinnvoll und hilfreich. Die Entscheidung fällt nach Auswertung der Rechnung unter Kapitalgesichtspunkten. Ob das gewählte Modell auch anderweitigen Bedürfnissen entspricht, ist ein anderes Entscheidungskriterium.

Tools

- die Kostenvergleichstabelle (hier: für einen Firmenwagen)
- die verschiedenen Angebote
- die Abschreibungswerte, vergangenen Fahrleistungen etc.

Go

- Die Kostenvergleichstabelle wird gezeichnet.
- Die Zahlenwerte der Alternativen werden eingetragen.
- Die Ausgaben der einzelnen Alternativen werden miteinander verglichen.
- Die kostengünstigste Lösung wird offensichtlich.
- Die Entscheidung kann fallen.

Kostenvergleichstabelle	I	II	III
Anschaffungswert			
Restwert			
Nutzungsdauer in Jahren			
100 Prozent Fremdfinanzierung			
Zinssatz in Prozent			
Tilgung zum Jahresende			
Laufzeit in Jahren			
Steuer und Versicherung			
Diesel pro 100 km in €			
Öl pro 100 km in €			
Reifen pro 100 km in €			
Reparatur pro 100 km in €			
Jahresleistung bisher in km			
Jahresleistung zukünftig			

37. Gia Jen – Die Sippe

»Wer die erhabene Weisheit der Mathematik tadelt, nährt sich von Verwirrung«, schrieb Leonardo da Vinci (1452–1519), legendärer Künstler und Universalgenie, dessen Erfindungen seiner Zeit weit voraus waren. Seine Ideen zu einem Panzer, einem Auto (»Es wird Wagen geben, die von keinem Tier gezogen werden und mit unglaublicher Gewalt daherfahren«), einem Helikopter oder einem Fallschirm waren ebenso visionär wie die Verbindung philosophischer, empirischer und wissenschaftlicher Ansätze. Bill Gates (geboren 1955) ersteigerte das Notizbuch *Codex Leicester* (1506–1508), in dem da Vinci über Klimaphänomene und Naturkatastrophen schreibt, für 30 Millionen Pfund und besitzt damit als einziger Privatsammler der Welt ein Dokument des Renaissance-Multitalents.

Bereits Augustinus (354–430), Kirchenvater und Philosoph, meinte: »Niemand vermag zur Erkenntnis göttlicher und menschlicher Dinge zu erlangen, der nicht zuvor die Mathematik gründlich erlernt hat.«

No risk – no fun.

SPONTISPRUCH

Somatische Marker

In allen Entscheidungsprozessen, auch in denen, die scheinbar nur von Zahlenwerken und Analysen bestimmt werden, sind Emotionen im Spiel. Dass aber auch das Körperempfinden ein wesentlicher Bestandteil ist, weiß man erst seit einigen Jahren. Die sprichwörtlich »kalten Füße«, das alarmierende »Bauchweh« bei Verhandlungen sind ebenso somatische Marker wie Freude, Gelassenheit und Wohlgefühl.

Die »somatischen Marker« (von griechisch: *soma* = Körper) resultieren aus dem menschlichen Erfahrungsgedächtnis, das ununterbrochen im Unbewussten aktiv ist und in Entscheidungsprozessen seine Informationen ans Bewusstsein liefert. Die innere Ampel wird im entscheidenden Moment auf Rot oder Grün gestellt. Dabei kann man davon ausgehen, dass Warnsignale eher wahrgenommen werden als solche, die ein harmonisches Gelingen begleiten; denn im Laufe der Evolution ging es vor allem darum, das Überleben zu sichern. Wie die Koordination von Vernunft und Unbewusstem funktioniert, wurde mittlerweile durch Neurologen präzisiert:

Wünsche und Bedürfnisse sind im emotionalen Erfahrungsgedächtnis gespeichert und werden im Bewusstsein analysiert und geprüft. Entschieden wird schließlich durch das vom Unbewussten gegebene Stopp oder Go, das als das entscheidende Gefühl auftaucht und damit die Handlungsimpulse setzt.

Wer optimal entscheidet, koordiniert Verstand und somatische Marker. Der Motivationspsychologe Prof. Julius Kuhl (geboren 1947) bezeichnet eine solche Haltung als *Selbstregulationsmodus*. Menschen, die den Körpersignalen nicht trauen und diese Botschaften unterdrücken, um »bei klarem Verstand« zu bleiben, leben den *Selbstkontrollmodus* – ein fataler Irrtum, denn hier wird permanent gegen das wohlbegründete eigene Gefühl entschieden.

Tools

• Eigenwahrnehmung ist das Werkzeug, das unverzichtbar ist.

• Wer mangelndes Körperbewusstsein hat, kann mit Entspannung und Massagen, aber auch mit jeder Art von Sport die Verbindung zwischen Körper und Geist wieder auffrischen. Besonders effektiv sind Yoga, Tai Chi und Qigong.

Go

• Wer oft unter Zeitdruck entscheiden muss, kann feststellen, dass die somatischen Marker sich bereits zeigen, *ehe* schnelle Entscheidungen spruchreif sind. Das emotionale Erfahrungsgedächtnis »riecht« Entscheidungslagen lange bevor die Vernunft einsetzt. Dieses »Vorglühen« kann genutzt werden, um die Situation im Vorfeld einzuschätzen und angemessen zu handeln.

• Wer sich in einer Entscheidungslage befindet und einen negativen somatischen Marker, aber noch keine sachliche Argumentation dafür hat, sollte nach Möglichkeit »auf Zeit spielen«. Die bewusste Beurteilung braucht länger als die somatische.

• Mit Hilfe der somatischen Marker kann man vorab jede Entscheidung im Inneren durchspielen: »Wie wäre das Gefühl, wenn die Entscheidung bereits gefallen wäre?« Freudig? Behaglich? Dann ist das der richtige Weg. Grummelt es im Bauch? Dann sollte die Lage noch einmal überdacht werden. Es kann mehrere solche »Rückmeldeschleifen« geben, bis die Kopf-Bauch-Schere nicht mehr auseinander klafft.

• Im Idealfall stimmen die Bewertungen des emotionalen Erfahrungsgedächtnisses und die bewusste Bewertung überein. »Sich mit der Entscheidung wohl fühlen« ist das Ergebnis.

• Wer auf die somatische »Ampel« achtet und diese Signale als innere »Verkehrsregel« respektiert, entscheidet im Einklang mit sich selbst.

29. Kan –
Das Abgründige,
das Wasser

»Ich denke, also bin ich«, meinte René Descartes (1596–1650), französischer Philosoph und Mathematiker, der die denkende Substanz (res cogitans) und den Körper (res extensa) strikt getrennt sah. Antonio R. Damasio (geboren 1945), weltweit anerkannter Neurologe, hat in den letzten Jahren bewiesen, dass ohne Gefühle kein vernünftiges Handeln möglich ist. Damasio stellt damit den Dualismus in Frage, der bis heute das westliche Denken beherrscht: Geist versus Körper, Verstand versus Gefühl, Biologie versus Kultur.

Daniel Goleman (geboren 1946), klinischer Psychologe und Autor des 1995 veröffentlichten Weltbestsellers *Emotionale Intelligenz*, hat weltweit 500 Unternehmen analysiert und festgestellt, dass emotionale Intelligenz für den beruflichen Erfolg doppelt so wichtig ist, wie Intelligenzquotient plus Fachwissen. Je höher eine Person auf den Stufen der Hierarchie klettert, desto unwichtiger sei der IQ. Echte Führungspersönlichkeiten unterscheiden sich laut Goleman von mittelmäßigen Führungskräften zu 90 Prozent durch ihre emotionale Qualifikation.

Kann man nicht drüber weg, so muss man drunter durch.

JÜDISCHES SPRICH-
WORT

Kaffesatzlesen

Wer ein Problem lösen muss, eine Entscheidung treffen oder einen Blick in die Zukunft wagen möchte, kann auf das größte Archiv an Wissen zurückgreifen, das er finden kann. Die Rede ist hier nicht vom Internet oder von der Encyclopaedia Britannica, sondern vom eigenen Unbewussten, das über einen unendlichen Bilderreichtum verfügt. Die Bilder, die das Unterbewusstsein in einer bestimmten Situation freisetzt, geben Aufschluss über das, was im Leben des Fragenden momentan wichtig und beachtenswert ist.

Die Kommunikation zwischen dem Bewusstsein und dem Unbewussten ist spannend und immer aufschlussreich. Sie bietet eine Fülle an Symbolen, die interessante Bezüge herstellen und Geschichten erzählen können. Und das Kaffeesatzlesen ist eine ebenso traditionelle wie ungewöhnliche Methode, die vielleicht gerade durch den spielerischen Ansatz einen Zugang zu den inneren Bildern erleichtert. Die Symbole, die man im Kaffeesatz – also in einer zeitgleich zur Frage hergestellten Realität – wieder findet, können als Ratgeber genutzt werden, der den nächsten Schritt offensichtlich macht.

Tools

- fein gemahlener türkischer Kaffee
- heißes Wasser
- eine Espressotasse mit Unterteller, die Tasse sollte innen weiß sein
- ein Teelöffel
- Zeit und Ruhe

Go

- Vier Teelöffel Kaffeepulver in eine (am besten neue und dann nur noch zum Kaffeesatzlesen benutzte) Tasse geben.
- Kochendes Wasser über das Kaffeepulver gießen.
- Umrühren.
- Den Kaffee setzen lassen. Trinken und genießen!
- Die geleerte Tasse umdrehen und auf die Untertasse stülpen, damit die restliche Flüssigkeit ablaufen kann.
- Jetzt ist die Tasse bereit für das Kaffeesatzlesen!
- Die entstandenen Strukturen und Muster werden gedeutet. Dabei kann der Phantasie freier Lauf gelassen werden. Wichtig ist, was man spontan erkennt, denn hier regiert die Bildersprache des Unbewussten.

Deutungs-Anregungen

Dunkler oder heller Boden: Wenn sehr dichter Kaffeesatz den Boden bedeckt, besteht eine gefühlsmäßige Beeinträchtigung. Ein heller Boden mit wenig Kaffeeresten spricht für Wohlgefühl. Wenn der Kaffeesatz sich scheinbar vom Grund nach oben bewegt, ist Klarheit in Sicht!

Linien und Kaffeestraßen: Parallele Linien stehen für Forschritt, berufliche Entfaltung, materielle Sicherheit. Wenn eine »Straße« vom Tassengrund bis zum Tassenrand verläuft, deutet das auf Erfolg im Berufs- und Privatleben. Ist die Straße unterbrochen oder undeutlich, kann es zu Schwierigkeiten kommen. Eine einzelne Linie, die sich von den Mustern deutlich abhebt, steht für eine Reise.

Buchstaben stehen für Namen, die in der nächsten Zeit wichtig werden.

Berg: viel Energie, viele Aufgaben und die Möglichkeit, sie zu bewältigen

Blumen: Erfolg, Flirt, Freundschaft

Dreieck: Ein guter Deal steht bevor.

Fisch: Erfolg in der Liebe. Vertrauen haben!

Herz: positive Zuwendung jeder Art

Mond: Wandlung und Zyklen

Pyramide: Der Erfolg steigt stetig.

Rad: Die Probleme sind kleiner als gedacht.

Schiff: Nachrichten aus dem Ausland

Ring: Ein Ring am oberen Tassenrand steht für eine glückliche Ehe. Ist der Ring undeutlich, ist Vorsicht geboten, am Boden widerspricht er Eheplänen.

Rechteck: Gespräche in der Familie, Probleme können ausgeräumt werden.

Schlange: Vorsicht vor falschen Freunden und Intrigen!

Stern: Ein Wunsch erfüllt sich.

Vogel: Unerwartetes Glück und Nachrichten treffen ein.

Schlüssel: eine stabile Lage

18. Gu –
Die Arbeit am Verdorbenen

Der Ursprung des Kaffeesatzlesens wird auf die Geomantie zurückgeführt, die Weissagungen aus der Beschaffenheit der Erde (griechisch: *gaia* = Erde und *manteia* = Weissagung) trifft. Positive und negative Energien lassen sich nach Ansicht der Geomantiker orten. Als heilige Orte oder Kraftfelder gelten beispielsweise Stonehenge, die Pyramiden von Gizeh und auch die Externsteine im Teutoburger Wald.

In Ägypten sind Kaffeehäuser seit dem 16. Jahrhundert bekannt, und Venedig, die damalige Welthandelsmacht, eröffnete das erste Café 1645. Vermutlich wurde bereits vorher aus dem Kaffeesatz gelesen, aber die öffentliche Verbreitung dieser Zukunftsschau begann zu diesem Zeitpunkt. Das Lesen im Kaffeesatz ist ein Volkswissen, das von Generation zu Generation weitergegeben wurde. Es gehört auch heute in vielen Ländern selbstverständlich zur Alltagskultur, sich vor wichtigen Entscheidungen und Fragen den Kaffeesatz deuten zu lassen. Die Methoden sind von Region zu Region ebenso verschieden wie die Deutungsinhalte. Was zählt, ist Intuition und Erfahrung. Manche Kaffeesatzleser lehnen »die Tasse« und damit die Deutung ab, wenn keine Vertrauensbasis zum Frager besteht oder aus oberflächlicher Neugier gefragt wird.

Der Anfang aller Erkenntnis ist Staunen.

ARISTOTELES

Gewichtete Entscheidungsmatrix Ranking

Entscheidungen, bei denen unterschiedliche Kriterien und Optionen zu berücksichtigen sind, bekommen durch eine Entscheidungsmatrix Struktur und Transparenz. Diese Methode ist relativ objektiv, und sie ist einfach durchzuführen. Sind nicht alle Kriterien gleich wichtig für die Entscheidung, ist es sinnvoll, eine gewichtete Entscheidungsmatrix zu erstellen: Die Bewertungskriterien der verschiedenen Optionen erhalten ein Ranking, also einen Gewichtungsfaktor. Bei der Auswahl eines Bewerbers beispielsweise wird die Ausbildung eine andere Rolle spielen als das Auftreten, die Erfahrung ein anderes Gewicht haben als eine Zusatzqualifikation. Die relevanten Gewichtungen fließen unmittelbar in die Matrix ein.

Die gewichtete Entscheidungsmatrix kann als Ergänzung zur einfachen Entscheidungsmatrix angewandt werden. Nachdem erst einmal eine Grobeinschätzung erfolgt ist, geht es dann im bewertenden zweiten Schritt um das Feintuning.

Tools

- Papier und Stifte
- oder Computer-Tabellen-Programm

NEUE SCHUHE	Kriterien Gewichtung	A TOD'S	Wert	B SERGIO ROSSI	Wert	C MANOLO BLAHNIK	Wert
Preis	3	30	90	30	90	40	120
Image	5	30	150	20	100	50	250
Komfort	2	50	100	30	60	20	40
Haltbarkeit	1	40	40	40	40	20	20
Kombi mit Garderobe	6	45	270	35	210	20	120
In Faktor	4	35	140	20	80	45	180
Ergebnis / Summe			790		580		730

60

- Die Matrix wird erstellt (siehe Beschreibung Seite 42/43)
- Die Spalten *Gewichtungsfaktor* und *Wert* kommen hinzu.
- Alle Alternativen und die dazugehörigen Kriterien werden in die Entscheidungsmatrix eingetragen und bewertet (Sechs ist die höchste Punktzahl, eins die niedrigste).
- Die verschiedenen Kriterien werden nun gewichtet. Das kann in Punktwerten von zehn bis eins (zehn Punkte sind optimal, ein Punkt ist besonders ungünstig) oder in Prozentwerten geschehen. Bei Prozentwerten ergeben alle Gewichtungen zusammen 100 Prozent, den durchschnittlichen Wert der Kriterien errechnet man, indem 100 durch die Anzahl der Kriterien geteilt wird.
- Jetzt werden die Noten mit den Gewichtungsfaktoren multipliziert und die Summen in die letzte Zeile der Tabelle eingetragen.
- »And the winner is« – die Alternative, die am besten abschneidet: Die Entscheidung kann fallen!

48. Dsing – Der Brunnen

Die erste Form der Matrix wurde 1685 von Seki Kowa (1642–1708) entwickelt, einem der bedeutendsten japanischen Mathematiker. Seki Kowa wuchs in einer Samurai-Familie auf und durchbrach als mathematisches Wunderkind die kriegerische Tradition seiner Vorfahren. Im alten Japan war Mathematik eine geheime Tempelwissenschaft und nur einem kleinen Kreis von Eingeweihten bekannt. Sie entwickelte sich aus den Kenntnissen der Chinesen, die das erste erhalten gebliebene Mathematikbuch herausgaben. Der Entstehungszeitraum des *Chou Pei Suan Ching* wird zwischen 1200 v. Chr. und 100 v. Chr. geschätzt. Es ist in Form eines Dialogs über den Kalender zwischen einem Prinzen und seinem Minister gehalten. Eine Mathematikaufgabe in dem wenig später erschienenen Lehrbuch *Neun Kapitel über Mathematische Kunst* lautete: »Ein zehn Fuß hoher Bambusstab wird abgebrochen, das Ende sinkt zu Boden und erreicht den Boden drei Fuß vom Stamm. In welcher Höhe ist der Bambusstab abgebrochen?« Die 246 Rechenaufgaben des Buches beschäftigten sich mit Landvermessung, Steuerbemessung, Handelsverträgen, Technik und der Lösung von Gleichungen.

Die Freiheit des Menschen liegt nicht darin, dass er tun kann, was er will, sondern dass er nicht tun muss, was er nicht will.

J. J. ROUSSEAU

 **Imaginationstechnik** Lösung paradox

Wie man Wunder realisiert

Wenn weder Analysen noch Strategien Klarheit schaffen, wenn nichts weitergeht, es sei denn in die falsche Richtung, dann hilft nur noch ein Wunder. Wer das jetzt für Fatalismus oder Wunschdenken hält, kennt offensichtlich eine der wirkungsvollsten Problemlösungstechniken noch nicht: Wenn nichts mehr geht, ist es Zeit für die paradoxe Frage: »Wie ist das Wunder passiert?« Indem man sich vorstellt, dass das Problem höchst zufriedenstellend gelöst ist, hat man bereits das innere Lösungsszenario gefunden und muss es nur noch beschreiben.

Wer unbedingt eine Lösung will, findet sie oft nicht. Wer sich aber vorstellt, diese Lösung zu haben, erkennt automatisch die Faktoren, die dahin führen. Hocheffiziente Imaginationstechniken werden in vielen kreativen, aber auch therapeutischen Prozessen erfolgreich eingesetzt. Sie zur Problemlösung zu nutzen ist nahe liegend, aber wenig verbreitet. Wohlgemerkt: Es geht hier nicht darum, sich etwas »vom Universum« zu wünschen und dann auf die Erfüllung des Wunsches zu warten. Ebenso wenig soll die Vision eines Märchenlebens phantasiert werden. Es geht darum, eine reale Lage »märchenhaft einfach« zu lösen. Es geht darum, die persönliche Kreativität einzusetzen und die imaginäre Wunscherfüllung in einen realen Wegweiser zu verwandeln.

Tools
- Zeit, am besten Freizeit und keine Arbeitszeit
- Ruhe
- Papier, Stifte

Go
- Das Problem beziehungsweise das zur Entscheidung anstehende Thema wird formuliert und in seinen Auswirkungen beschrieben.
- Frage Eins: Welche negativen Folgen hat die Lage momentan? (Beruflich, finanziell, familiär, gesundheitlich, persönlich, gefühlsmäßig?)
- Frage Zwei: Welche Vorteile bietet die jetzige Lage? Wovor könnte diese Situation schützen?
- Nun stellt man sich – am besten in entspannter, gemütlicher Haltung – vor, das Problem sei wie durch ein Wunder gelöst, die Entscheidung sei gefallen, alles habe sich bestens gefügt.

- Diese Situation wird so intensiv wie möglich nachempfunden, in möglichst vielen Einzelheiten ausgemalt.
- Danach lautet die Schlüssel-Frage: Wie kam es zu diesem Wunder?
- Das Szenario wird jetzt so realitätsnah wie nur möglich beschrieben: Was hat dazu geführt? Was ist anders als vorher? Wer verhält sich anders? Was bedeutet es für andere, dass diese Wendung eingetreten ist? Welche Symbole tauchen auf und können ein Schlüssel sein? Welche Personen waren »im Spiel«?
- Jeder Hinweis ist wichtig und sollte notiert werden. Oft ist die Lösung verblüffend einfach. Das berühmte Brett vor dem Kopf bemerkt man immer erst, nachdem der neue Weg gefunden ist.
- Ist diese Lösung erkannt, können Entscheidungen getroffen und Weichen gestellt werden.

Hinweis

Entscheidungsschwierigkeiten haben manchmal Schutzcharakter. Eine Entscheidung für etwas ist oft zugleich eine Entscheidung gegen etwas anderes; denn Erfolg hat ebenso seinen Preis wie das Eingehen von Bindungen oder Risiken. Manchmal ist eine verhinderte Entscheidung im Grunde eine Entscheidung für den bestehenden Zustand. Deshalb eignet sich die Vorstellung der wundersamen Wunscherfüllung auch, um sich selbst auf die Schliche zu kommen und die eigene Motivation auf den Prüfstand zu schicken.

19. Lin –
Die Annäherung

Der Chemiker Friedrich August Kekulé von Stradowitz (1829–1896) arbeitete mit seinem Team an Strukturformeln für organische Stoffe; die Formel für Benzol gelang jahrelang nicht. Die ringförmige Struktur entwickelte er nach eigenen Aussagen nachts, nachdem er von einer Schlange geträumt hatte, die sich in den Schwanz biss. Kekulés Arbeiten trugen entscheidend zur Entwicklung der organischen Chemie bei. »Lernen wir träumen, meine Herren, dann finden wir vielleicht die Wahrheit – aber hüten wir uns, unsere Träume zu veröffentlichen, ehe sie durch den wachen Verstand geprüft worden sind«, sagte Kekulé 1890, 25 Jahre nach seiner Entdeckung.

James Watt (1736–1819) beobachtete, dass der Deckel eines Kochtopfes vom Dampf angehoben wurde und immer wieder zurückfiel. Er setzte diese Beobachtung in die Erfindung der Dampfmaschine um.

László József Bíró (1899–1995), Chefredakteur einer ungarischen Zeitung, ging im Park spazieren. Kinder spielten auf dem feuchten Rasen Ball, der Ball rollte über einen Plattenweg und hinterließ eine nasse Spur. Biro erfand, bei diesem Prinzip ansetzend, den Kugelschreiber, der nach seinem Erfinder in England *biro*, in Frankreich *biron* und in Argentinien *birome* genannt wird.

Wenn Ihr einziges Instrument ein Hammer ist, ist es nicht erstaunlich, wie viele Dinge beginnen, wie ein Nagel auszusehen?

A. H. MASLOW

Fehlerbaum

Wie Risiken analysiert werden

Vor Entscheidungen ist es hilfreich, sich klar zu machen, woran das gewünschte Ergebnis scheitern könnte. Manchmal geht es auch schlicht um die Wahl des kleineren Übels. Mit Hilfe des Fehlerbaums werden alle möglichen Risiken bekannt und benannt. Diese in der Sicherheitstechnik seit Jahrzehnten bewährte Methode analysiert nicht (wie der Enscheidungsbaum) die Auswirkungen, sondern die Ursachen bestimmter Zustände. Fehlerbäume sind aber nicht nur bei Sicherheitsfragen oder technischen Risiken hilfreich, jedes Ziel oder Ereignis kann auf mögliche Störfälle systematisch überprüft werden. Außerdem lässt sich die Methode rückblickend nutzen, um nach problematischen Vorfällen die Gründe des Misserfolgs zu klären.

Aus dem Unterricht für Sicherheitsanalytik stammt das folgende Lehrbeispiel: Herr Paulsen muss um Mitternacht in seinem Büro wichtige Dokumente lesen. Dazu braucht er eine Lesebrille, im Schreibtisch seines Büros ist eine Zweitbrille eingeschlossen. Der Fehlerbaum zu diesem Vorgang sieht so aus:

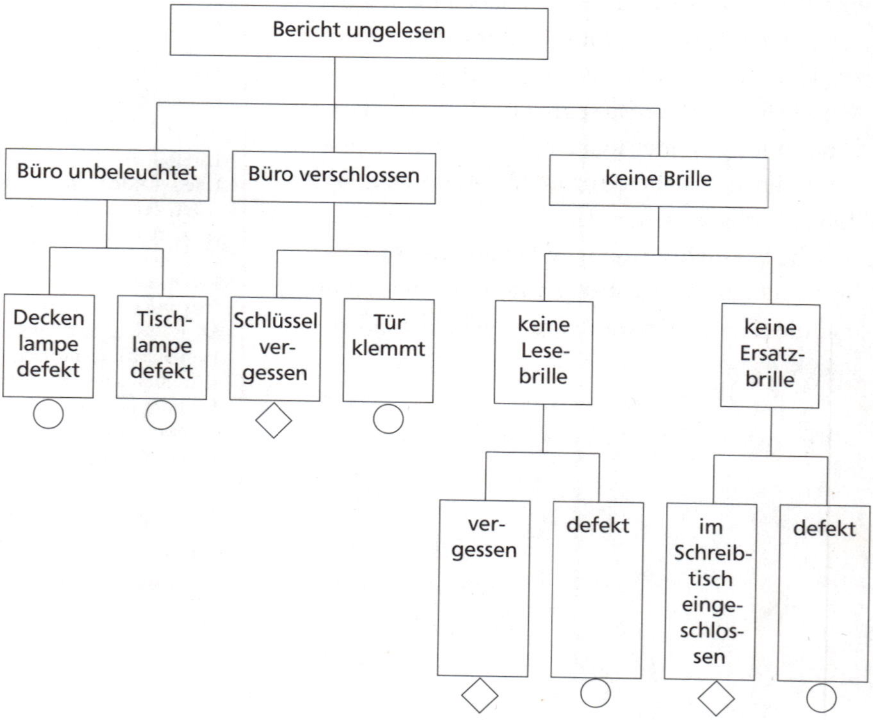

```
                    ┌─────────────────────┐
                    │  Bericht ungelesen  │
                    └─────────────────────┘
          ┌──────────────────┼──────────────────────────┐
┌──────────────────┐ ┌──────────────────┐      ┌──────────────────┐
│ Büro unbeleuchtet│ │ Büro verschlossen│      │   keine Brille   │
└──────────────────┘ └──────────────────┘      └──────────────────┘
     ┌─────┴─────┐      ┌─────┴─────┐        ┌────────┴────────┐
 ┌───────┐  ┌───────┐ ┌────────┐ ┌──────┐ ┌────────┐    ┌──────────┐
 │Decken-│  │ Tisch-│ │Schlüssel│ │ Tür │ │ keine  │    │  keine   │
 │lampe  │  │ lampe │ │ ver-   │ │klemmt│ │ Lese-  │    │ Ersatz-  │
 │defekt │  │ defekt│ │ gessen │ │      │ │ brille │    │ brille   │
 └───────┘  └───────┘ └────────┘ └──────┘ └────────┘    └──────────┘
    ○          ○        ◇         ○     ┌────┴────┐   ┌──────┴─────┐
                                     ┌──────┐ ┌──────┐ ┌────────┐ ┌──────┐
                                     │ ver- │ │defekt│ │   im   │ │defekt│
                                     │gessen│ │      │ │Schreib-│ │      │
                                     │      │ │      │ │ tisch  │ │      │
                                     │      │ │      │ │ einge- │ │      │
                                     │      │ │      │ │schlos- │ │      │
                                     │      │ │      │ │  sen   │ │      │
                                     └──────┘ └──────┘ └────────┘ └──────┘
                                        ◇        ○        ◇         ○
```

Tools

- Papier und Stift
- Daten, Fakten, Analysen, wenn vorhanden

Go

- Ausgangspunkt ist ein klar definierter Zustand, im Fehlerbaum »Top Event« genannt.
- Der Fehlerbaum entwickelt sich »top – down«, also von oben nach unten, bis die möglichen Ursachen gefunden sind.
- Die systematische Abfolge von Ereignissen oder Zuständen, die zu dem Top Event (wie zum Beispiel Virenbefall des Rechners, Stromausfall etc.) führen, wird in den »Ästen«, also den Verzweigungen notiert.
- Kreise markieren Basisereignisse, Rauten Ereignisse, die nicht weiterentwickelt werden (zum Beispiel: Brille vergessen).
- Die Regeln und die logische Struktur des Fehlerbaums ergeben sich aus den Parametern *und oder nicht* (also den Bool'schen Variablen) und deren Verknüpfung mit Ereignisfolgen. Im Beispiel: »Deckenlampe defekt *und* Tischlampe defekt«, » Tür klemmt *oder* Schlüssel vergessen« können dazu führen, dass das Dokument nicht gelesen werden kann.
- Die Ermittlung der Eintrittswahrscheinlichkeit wird durch Zuweisung von Daten und Werten ermittelt – oder geschätzt.
- Der Ast des Fehlerbaums, der die größte Eintrittswahrscheinlichkeit dokumentiert, beinhaltet das größte Risiko.
- Bei der anstehenden Entscheidung können die Risiken im Vorfeld kalkuliert oder sogar ganz ausgeschlossen werden.

Wer Entscheidungen nicht plant, sondern sich erst dann darum kümmert, wenn die Entscheidung fallen muss, der handelt zu spät.

KONFUZIUS

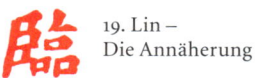

19. Lin –
Die Annäherung

Das Fishbone-Diagramm von Karou Ishikawa (1915–1989) gilt als Urform des Fehlerbaums. Seit Anfang der 1960er Jahre dient der Fehlerbaum der Risikoanalyse, zum Beispiel bei Sicherheitsstudien im Bereich der Kerntechnik. Um das Risiko möglichst realitätsnah erfassen zu können, wird ein Gesamtsystem auf mögliche Fehlerereignisse analysiert. Die Fehlersequenzen werden auf ihre Wahrscheinlichkeit untersucht und das damit verbundene Risiko anhand von Modellberechnungen abgeschätzt. Der Fehlerbaum ist sogar mit einer DIN-Norm versehen, laut DIN 25424 versteht man unter einer »Fault Tree Analysis« (FTA) eine wissenschaftliche Methode zur Fehlerauffindung.

George Boole (1815–1864), englischer Mathematiker und Begründer der Bool'schen Logik, hat die Gesetze des Denkens formalisiert, um die zweifelsfreie Wahrheit oder Falschheit von mathematischen Größen festzulegen.

Die rasante Entwicklung der Computertechnologie wäre ohne die Bool'sche Logik nicht denkbar, und auch wer »googelt«, arbeitet völlig selbstverständlich mit den Bool'schen Operatoren, um in der Suchabfrage festzulegen, in welcher Beziehung die Suchwörter zueinander stehen sollen. Gearbeitet wird international mit »and«, »or«, »not« und dem vierten Operator »near«.

Wie man Entscheidungsspielräume schafft

Lösungen, die von außen herangetragen und vorgegeben werden, sind mit Vorsicht zu genießen. Leicht werden unter Entscheidungsdruck nicht im Angebot enthaltene Möglichkeiten übersehen. Man gibt sich vorschnell mit etwas zufrieden, das vom Optimum weit entfernt ist. Als Faustregel sollte gelten: Eine Lösung oder ein Angebot sind noch keine ausreichende Entscheidungsgrundlage. Zwei Möglichkeiten bringen oft ein Dilemma mit sich. Erst bei drei Alternativen beginnt Entscheidungsfreiheit wirklich.

Eine bewährte Form, den Entscheidungsspagat in Entscheidungssouveränität zu wandeln, ist die Methode »Abwarten und Teetrinken«. Gerade bei Angeboten, die von außen herangetragen werden, fällt das schwer, da der Anbieter meist (in seinem Eigeninteresse) Druck macht und es als ein einmaliges, kurzfristiges, nicht zu übertreffendes Sonderangebot preist. Wer in solchen Situationen die Ruhe bewahrt und die Phase des »Teetrinkens« nutzt, um bisher übersehene Möglichkeiten in den Blick zu nehmen, schafft sich wertvolle Spielräume, die das Ergebnis meist entscheidend verbessern.

Tools

• Zeit
• Papier und Stifte

Go

• Das Thema ist definiert: »Wie kann ich meinen Entscheidungsspielraum erweitern oder besser nutzen?«
• Welche Alternativen gibt es noch? Ein Brainstorming führt vor Augen, welche Möglichkeiten zusätzlich zu den bisher bekannten bestehen. Ehe das kleinere Übel gewählt wird, sollten in jedem Fall neue Lösungsideen generiert werden.
• Welche zusätzlichen Entscheidungsbedingungen können geschaffen werden? (»Ich nehme das Angebot an, wenn …« – »Ich übernehme die Aufgabe, wenn …« – »Ich unterschreibe den Mietvertrag, wenn …«)
• Welche Entscheidungsbestandteile sind Annahmen? Welche sind Fakten? Eine Liste, die diese beiden Gattungen trennt, schafft Klarheit, die Annahmen bedürfen meist einer genauen Prüfung. Auch die Annahme, man habe keine andere Wahl!

- Welche Ziele stehen eigentlich zur Debatte? Die Frage »Was will ich eigentlich wirklich?« sollte niemals fehlen. Sie befreit aus dem Zugzwang, den scheinbar drängende Entscheidungen automatisch auslösen, und führt zurück zur eigenen Interessenlage.
- Besteht ein innerer oder äußerer Zielkonflikt, der die Entscheidung erschwert? Dann sollten die Interessenlagen neu ausgelotet werden. (Klassische Zielkonflikte im Beruf sind: Mitarbeiterorientierung versus Leistungsorientierung, Kontrolle versus Vertrauen, Schnelligkeit versus Qualität, Profit versus soziale Verantwortung.)
- Wenn eine Entweder/Oder-Entscheidung ansteht, sollten alle Möglichkeiten durchgespielt werden, diese Lage in ein »Sowohl als auch« zu wandeln. Vielleicht ist die bisher übersehene Ideallösung dabei!
- Wird eine Entscheidung letztendlich doch *nicht* gefällt, sollte auch das wohlüberlegt geschehen und nicht aus Vermeidung oder einer Russisch-Roulette-Haltung. Wer eindeutig eine Null-Lösung wählt, entscheidet sich bewusst für eine von mehreren geprüften Lösungen. Wer Russisches Roulette spielt, weiß nicht, ob eine Entscheidung ausgesessen wird, die ihm im Zweifelsfall später um die Ohren fliegt.

Merke

Wer unter Zeitdruck aus zwei Angeboten eins auswählt, wählt aus den Möglichkeiten, die das Optimum für den Anbieter darstellen.

2. Kun –
Das Empfangende

»Schau'n mer mal, dann seh'n mer scho«, sagte Franz Beckenbauer (geboren 1945) sehr treffend. Der deutsche Fußballkaiser formulierte aber auch: »Es gibt nur eine Möglichkeit: Sieg, Unentschieden oder Niederlage!« Der bedeutendste österreichische Publizist, Karl Kraus (1874–1936), meinte zum Thema Entscheidungen lapidar: »In zweifelhaften Fällen entscheide man sich für das Richtige.«

In der Fabel *Herakles am Scheideweg* verweilt der Held an einer Weggabelung, unschlüssig über die einzuschlagende Richtung. Die Glückseligkeit gibt ihm den Rat, den leichteren und angenehmeren Weg zu wählen, die Tugend ermahnt ihn, seinem Herkommen und seiner Erziehung gemäß den anstrengenden, aber letztlich befriedigenderen zu wählen. Der römische Philosoph und Stoiker Seneca (4 v.Chr. bis 65 n.Chr.), Erzieher des Kaisers Nero, schrieb in einem Brief der *Epistulae morales* an seinen jungen Freund Lucilius: »Schimpflich ist es, seinen Lebensweg nicht selbständig zu gehen, sondern sich treiben zu lassen und unversehens mitten im Trubel der Dinge verblüfft zu fragen: Wie bin ich nur hierher gekommen?«

Nicht weil die Dinge
unerreichbar sind,
wagen wir sie nicht.
Weil wir sie nicht wagen,
bleiben sie unerreichbar.

SENECA

WORK WORK WORK

Wie man Glaubenssätze ändert

Entscheidungen beruhen mitunter auf persönlichen »Glaubenssätzen«, die den weiteren Verlauf beeinflussen oder beeinträchtigen. Die Wahrnehmung von Problemen ist manchmal geprägt von hemmenden Denkmustern. Wenn sich ein inneres Störgefühl breit macht, ist die Methode The Work ein überraschend effektiver Weg, die persönliche Klarsicht zu prüfen. Aus der Psychologie ist bekannt, wie stark irrationale Annahmen das Denken und Handeln behindern und realitätsnahe Einschätzungen verhindern. Die Methode der Amerikanerin Byron Katie hilft, einem unverstellten Blick auf die Realität näher zu kommen.

»Wenn Sie die Wahl treffen müssten zwischen Rechthaben (und dem Stress, der damit einhergeht) und Freisein – was würden Sie wählen?«, fragt die Erfinderin von The Work. Rechthaben bedeutet für Katie, unbeirrbar auf dem Gleis alter Denkmuster weiterzufahren. In persönlichen und beruflichen Entscheidungssituationen kann ihre Methode den Weg in die Gedankenfreiheit öffnen. Urteile und Vorstellungen wie: »Meine Mitarbeiter bringen sich nie wirklich ein« – »Ich werde gemobbt!« – »Mein Kind provoziert mich laufend!« – »Ich werde bei Beförderungen immer übergangen!« sind ebenso geeignet für Byron Katies Prüfsystem wie jede andere persönliche Meinung, Haltung oder Erfahrung.

The Work ist eine Chance für den Verstand, sich selbst zu begegnen, sich selbst einen Moment anzuhalten, um Ursache und Wirkung des inneren Widerspruchs zu dem, »was ist«, zu erkennen.

Tools

- Papier und Stifte
- Zeit
- die Bereitschaft, sich selbst gegenüber ehrlich zu sein

Go

- Die Problemlage wird formuliert und aufgeschrieben, am besten in Form einer Soll- oder Muss-Feststellung. Gefühle werden nicht zensiert, sie werden eingebracht! Beispiel: »Meine Kollegin soll endlich mal arbeiten und nicht immer nur so tun, als ob!« – »Immer muss ich den Karren aus dem Dreck ziehen, außer mir fühlt sich keiner verantwortlich!« – »Mein Mann soll endlich wieder so sein wie früher, als wir noch keine Kinder hatten!«

- Welche Ziele stehen eigentlich zur Debatte? Die Frage »Was will ich eigentlich wirklich?« sollte niemals fehlen. Sie befreit aus dem Zugzwang, den scheinbar drängende Entscheidungen automatisch auslösen, und führt zurück zur eigenen Interessenlage.
- Besteht ein innerer oder äußerer Zielkonflikt, der die Entscheidung erschwert? Dann sollten die Interessenlagen neu ausgelotet werden. (Klassische Zielkonflikte im Beruf sind: Mitarbeiterorientierung versus Leistungsorientierung, Kontrolle versus Vertrauen, Schnelligkeit versus Qualität, Profit versus soziale Verantwortung.)
- Wenn eine Entweder/Oder-Entscheidung ansteht, sollten alle Möglichkeiten durchgespielt werden, diese Lage in ein »Sowohl als auch« zu wandeln. Vielleicht ist die bisher übersehene Ideallösung dabei!
- Wird eine Entscheidung letztendlich doch *nicht* gefällt, sollte auch das wohlüberlegt geschehen und nicht aus Vermeidung oder einer Russisch-Roulette-Haltung. Wer eindeutig eine Null-Lösung wählt, entscheidet sich bewusst für eine von mehreren geprüften Lösungen. Wer Russisches Roulette spielt, weiß nicht, ob eine Entscheidung ausgesessen wird, die ihm im Zweifelsfall später um die Ohren fliegt.

Merke

Wer unter Zeitdruck aus zwei Angeboten eins auswählt, wählt aus den Möglichkeiten, die das Optimum für den Anbieter darstellen.

2. Kun –
Das Empfangende

»Schau'n mer mal, dann seh'n mer scho«, sagte Franz Beckenbauer (geboren 1945) sehr treffend. Der deutsche Fußballkaiser formulierte aber auch: »Es gibt nur eine Möglichkeit: Sieg, Unentschieden oder Niederlage!« Der bedeutendste österreichische Publizist, Karl Kraus (1874–1936), meinte zum Thema Entscheidungen lapidar: »In zweifelhaften Fällen entscheide man sich für das Richtige.«

In der Fabel *Herakles am Scheideweg* verweilt der Held an einer Weggabelung, unschlüssig über die einzuschlagende Richtung. Die Glückseligkeit gibt ihm den Rat, den leichteren und angenehmeren Weg zu wählen, die Tugend ermahnt ihn, seinem Herkommen und seiner Erziehung gemäß den anstrengenden, aber letztlich befriedigenderen zu wählen. Der römische Philosoph und Stoiker Seneca (4 v.Chr. bis 65 n.Chr.), Erzieher des Kaisers Nero, schrieb in einem Brief der *Epistulae morales* an seinen jungen Freund Lucilius: »Schimpflich ist es, seinen Lebensweg nicht selbständig zu gehen, sondern sich treiben zu lassen und unversehens mitten im Trubel der Dinge verblüfft zu fragen: Wie bin ich nur hierher gekommen?«

Nicht weil die Dinge
unerreichbar sind,
wagen wir sie nicht.
Weil wir sie nicht wagen,
bleiben sie unerreichbar.

SENECA

Pareto-Prinzip

Wie man mit 20% Einsatz 80% Erfolg erzielt

80 Prozent des Erfolgs beruhen auf 20 Prozent der eingesetzten Mittel. Das trifft auf den beruflichen Bereich ebenso zu wie auf die privaten Aktivitäten. 20 Prozent der Meetings bewirken 80 Prozent der Ergebnisse, 20 Prozent der Schreibtischarbeit bringen 80 Prozent des Erfolges, 20 Prozent der Mitteilungen enthalten 80 Prozent der relevanten Informationen. Es gibt kaum eine Regel, die eine so umfassende Gültigkeit hat wie das von Pareto definierte 80/20-Prinzip.

Wenn aber mit 20 Prozent des Aufwands 80 Prozent des gewünschten Nutzens erzielt werden, sind 80 Prozent Arbeitszeit, Ressourcen und Energien falsch eingesetzt, da sie nur 20 Prozent des Ergebnisses generieren. Wendet man die Pareto-Regel auf Entscheidungen an, ist davon auszugehen, dass 20 Prozent der Entscheidungen reichen, um 80 Prozent der Erfolge zu erzielen, die man anstrebt. Das 80/20-Denken bedeutet Konzentration auf das Wesentliche – auf profitable Produkte, Kunden, Dienstleistungen oder Geschäfte.

Praktisch müssen die 20 Prozent und die 80 Prozent definiert werden. Dann kann Abstand genommen werden von der Vorstellung, alle Kunden seien gleich wichtig, alle Artikel im Sortiment gleich sinnvoll, alle Tätigkeiten gleichermaßen zielgerichtet. Das Pareto-Prinzip ist eine wirkungsvolle Abwehrmaßnahme gegen jede Eier legende Wollmilchsau, also gegen zu ausufernd angelegte Anforderungsprofile, Vorstellungen und Maßnahmen. Mit der 20/80-Regel kann gezielt auf den Erfolg hingearbeitet werden.

Tools

- Papier und Stift
- oder ein Tabellenkalkulationsprogramm am PC
- Daten und Fakten

Go

- Das Thema wird definiert, zum Beispiel: Die Definition der 20 Prozent Kunden, die 80 Prozent des Umsatzes bringen.
- Eine zweispaltige Tabelle wird erstellt.
- Der Gesamtumsatz und die Kundenzahl werden ermittelt.
- In die linke Spalte werden alle Kunden eingetragen, absteigend nach Umsatz geordnet. Beispiel: Umsatzstärkster Kunde: 50.000 Euro, darunter der nächste mit 42.000 Euro etc.

- In der rechten Spalte werden nun die Umsätze der Kunden kumuliert. In der ersten Zeile steht demzufolge 50.000, in der zweiten 92.000 Euro etc.
- Die 80 Prozent des Umsatzes und die 20 Prozent der umsatzstärksten Kunden sind auf diese Weise schnell ermittelt.
- In der Praxis werden es selten exakte 20 Prozent sein, das Verhältnis kann auch 25/75 oder 30/70 sein. Entscheidend ist die Unverhältnismäßigkeit.
- Die leicht zu ermittelnde 20-Prozent-Kerngruppe ist meist keine Überraschung, schließlich sind die Umsatzriesen bekannt. Die Tabelle zeigt aber unmissverständlich, wo die Energien sinnvoll eingesetzt werden und wo sie versickern.
- Jetzt könnten weitere Analysen folgen: Produktumsätze, Produkterlöse, Umsatz der Verkäufer etc.
- Sind die entscheidenden 20 Prozent der Kunden ermittelt, liegt hier künftig der Fokus: Mit dieser Kundengruppe sollte regelmäßig Austausch stattfinden. Diese Kerngruppe gilt es zu verstehen, zufrieden zu stellen, zu halten. Hier sind Kundenbindungsmaßnahmen erfolgversprechend, sind Aktionen sinnvoll.
- Sind die Produktgruppen und Umsätze differenziert, kann Sortimentstraffung, Umstellung, gezielte Produktpolitik stattfinden.
- Alle Bereiche, die nach dem 80/20-Prinzip gesichtet und gewichtet werden, können durch die Konzentration auf das Wesentliche mit mehr Effizienz bearbeitet werden.
- Die Anwendung des Pareto-Prinzips ist immer eine Entscheidung für den Erfolg.

Je mehr Käse, desto mehr Löcher.
Je mehr Löcher, desto weniger Käse.
Ergo: Je mehr Käse, desto weniger Käse.

ANONYM

7. Schï –
Das Heer

Vilfredo Pareto (1848–1923), italienischer Wirtschaftswissenschaftler und Soziologe, erkannte, dass in vielen Märkten überall auf der Welt ein Großteil der Aktivitäten auf einen Bruchteil der Akteure entfällt. Daraus wurde später das nach ihm benannte 80/20-Prinzip entwickelt: 80 Prozent des Geschehens entfallen auf 20 Prozent der Beteiligten. Joseph M. Juran (geboren 1904), einer der amerikanischen Nestoren des Qualitätsmanagements, formulierte dieses Prinzip in den 1930er Jahren allgemeiner und benannte es nach Vilfredo Pareto.

Das 80/20-Prinzip ist sowohl im positiven als auch im negativen Sinne anzuwenden. Im Qualitätsmanagement bedeutet es zum Beispiel, dass 80 Prozent aller Qualitätsmängel durch 20 Prozent der möglichen Fehler verursacht werden. Bei der Aufwandsschätzung im Projektmanagement bedeutet es, dass mit 20 Prozent des Aufwandes bereits 80 Prozent des Ergebnisses erreicht werden. Das Pareto-Prinzip ist eines der sieben Werkzeuge des Qualitätsmanagements, die in den 1960er Jahren in Japan definiert wurden. Es bildet auch die Basis für effizientes Zeitmanagement und sinnvolle Verteilung der Aufgaben. Studien haben ergeben, dass auf jedem Schreibtisch 36 Stunden unerledigte Arbeiten liegen und jeder in einem Büro arbeitende Mensch täglich 45 Minuten mit Suchen von Unterlagen verbringt. »Es ist unglaublich, was man alles findet, wenn man etwas sucht!«, meinte Georg Thomalla (1915–1999) lapidar.

Der große Wurf

Wegweiser

Wie ein Dilemma spielerisch gelöst wird

Eine Lage, in der man sich entscheidungsunfähig fühlt, weil Pro und Kontra einander wie Zinnsoldaten gegenüberstehen, kann mit dem großen Wurf eine entscheidende Wende bekommen. Reifliche Überlegungen führen nicht immer zu einem klaren Ja oder Nein, sondern eher zu einem »Ja, aber«, wenn die innere Gemengelage eine Mischung aus rationaler Argumentation und emotionaler Bewegung ist. Durch die spielerische Komponente des Würfelns kommt ein festgefahrener Prozess erfahrungsgemäß schnell wieder in Bewegung. Das Zufallsprinzip wird als Entscheidungscoach genutzt: Das gewürfelte Ergebnis gibt einen neuen Impuls, der zur Gewinnstrategie ausgebaut werden kann.

Beispiel: Einem Familienvater wird die Projektleitung für eine Studie in Brasilien angeboten. Dauer: drei Jahre. Nach Abschluss der Studie ist ein Arbeitsplatz im Stammhaus sicher, allerdings ist fraglich, welche Position es sein wird. Einerseits würde ein Lebenstraum in Erfüllung gehen, die beruflichen Erfahrungen wären für die weitere Karriere nützlich, andererseits würde die Familie aus dem sozialen Umfeld gerissen. Ratlosigkeit herrscht vor, und die Debatten sind endlos. Pro und Kontra stehen fest, und mit dem Würfelorakel geht dieser Prozess in die entscheidende Runde. Die gewürfelte Zahl verweist dabei nicht definitiv auf ein Ja oder Nein, sie ist erst einmal nur richtungweisend.

Tools

- ein Würfel
- Papier und Stift

Go

- Das Thema ist definiert, in dem Beispiel wäre es: »Projektleitung Brasilien Ja oder Nein«.
- Jetzt werden drei stichhaltige Gründe für und drei gegen diese Entscheidung aufgeschrieben.
- Diese sechs Gründe werden mit Hilfe des Würfels nummeriert. Es wird für den ersten Grund gewürfelt, und die gewürfelte Zahl wird neben dem Stichpunkt notiert. So wird mit allen Punkten verfahren. Wird eine Zahl doppelt gewürfelt, ist der Wurf ungültig.

88

- Wenn alle sechs Gründe nummeriert sind, kann der große Wurf erfolgen: Es wird gewürfelt.
- Die gewürfelte Zahl entscheidet, ob ein Pro- oder ein Kontrapunkt ausschlaggebend ist.
- Dieser Punkt wird nun als ausschlaggebend betrachtet und vertieft.
- Jetzt werden drei stichhaltige Gründe gesucht, die das Ergebnis untermauern und schlüssig machen.
- Ist der ausschlaggebende Punkt aus der Kontra-Reihe, geht es darum, diesen Punkt zu »drehen«. Beispiel: Der ausschlaggebende Faktor sind (auf das oben genannte Beispiel bezogen) die Umstellungsprobleme der Kinder. Durch die Würfel-Entscheidung wird aus einem »Es geht nicht wegen der Umschulung der Kinder« ein »Die Kinder sind das Entscheidende«, was der Sache eine völlig andere Note gibt. Jetzt wird ganz praktisch nach konstruktiven Möglichkeiten gesucht, den Aufenthalt für die Kinder zu einem Gewinn und die Umstellung so leicht wie möglich zu machen.
- Ist der ausschlaggebende Punkt aus der Pro-Reihe, wird hier weiter untermauert. Wäre der Grund: »Auslandserfahrungen steigern den Marktwert«, wird jetzt überlegt, wie diese Erfahrung konkret umgemünzt und bei der Rückkehr später genutzt werden kann.
- Der Vorteil dieses Würfelspiels liegt in der Bewegung des festgefahrenen Szenarios. Die Standpunkte werden plastischer, die Entscheidungslage erscheint griffiger.
- Wenn es nicht gelingt, die Kontrapunkte in positive Argumente zu wandeln, fällt die Entscheidung in der Gewissheit, alle Aspekte durchleuchtet zu haben und damit die richtige Wahl zu treffen.

32. Hong –
Die Dauer

Die Wurzeln des Würfelspiels sind bereits in der Antike zu finden. In der griechischen Mythologie wurde die Aufteilung der Welt zwischen Zeus, Poseidon und Hades durch Würfel entschieden. Auch Herakles (lateinisch: Herkules), der beliebteste griechische Held der Mythen, griff zum Würfel. An seinem Kultplatz wurde mit Würfeln orakelt. Die Besucher warfen die Würfel und lasen die Texte zu ihrem Wurf von Tafeln ab.

Die Wirkungsweise der Würfelorakel (wie auch aller anderen Orakelformen) wird seit C.G. Jung mit dem Prinzip der Synchronizität erklärt. Darunter versteht man das zeitgleiche Zusammentreffen zweier Geschehen, die keinen kausalen Zusammenhang haben. In Johann H. Zedlers, 1732 erschienenem *Großen vollständigen Universallexikon* heißt es: »Zufälle sind die Umstände des ausserordentlichen Glücks, oder daraus das ausserordentliche Glück bestehet, welches nichts anderes ist, als eine Connexion natürlicher Umstände, die nicht von unserem Willen abhängen, mit dem Fortgange unserer Thaten, zu deren Verlauf sie unseren Absichten, entweder gemäß, oder zuwider, etwas beytragen.«

Wenn Du es eilig hast,
gehe langsam.
Wenn Du es noch eiliger hast,
mache einen Umweg.

JAPANISCHES
SPRICHWORT

Wie man differenziert bewertet

Wird das neue Projekt profitabel? Welche Auswirkungen hat es auf bestehende Abläufe? Wie werden die Prioritäten gesetzt und wo sind die Sollbruchstellen? Im Arbeitsleben geht es permanent darum, über Ideen zu entscheiden, Ressourcen zu verteilen und Gewichtungen vorzunehmen. Der Gefahr von Alltagsroutine und Einseitigkeit kann mit der Medaillen-Methode effektiv und einfach begegnet werden.

Methoden-Guru de Bono geht davon aus, dass jedes Denken – und fast jede Handlung – Wertkomponenten enthält, die automatisch in Entscheidungen einfließen. Der Glaube, man habe etwas »vollkommen neutral« bewertet, entpuppt sich schnell als Irrtum. Selbst logische Entscheidungen basieren auf Bewertungen, nämlich auf der Annahme, rationale Größen seien vorrangig – was in vielen, aber eben nicht in allen Situationen richtig ist.

Die Medaillen-Methode beruht auf sechs Kategorien, die jede Entscheidungslage prägen, sie ordnet Wertebündel in eine sinnvolle Systematik.

Gold = menschliche Werte – berühren die menschlichen Grundbedürfnisse: Menschenwürde, Vertrauen, Anerkennung, Respekt, Hoffnung, Freiheit, Fairness.

Silber = ökonomische Werte – sind die direkten unternehmerischen Werte: Gewinnmaximierung, Prozessoptimierung, Kostenkontrolle und Unternehmenskommunikation.

Metall = Qualitätswerte – sind Kundenwerte: Service, Wahrnehmung von außen, Qualitätsmanagement.

Glas = Kreativitätswerte – erwachsen aus dem Geist des Unternehmens. Sie betreffen Kreativität, Innovation und Einfachheit, den »Nutzen« des Neuen.

Holz = Nachhaltigkeitswerte – betreffen ökologische Belange und alle Folgen, die für »Dritte« entstehen: Umweltfragen, soziale und kulturelle Komponenten, aber auch die Konkurrenz und die Lieferanten.

Messing = wahrnehmungsbedingte Werte – beziehen sich auf die Wahrnehmung, die Publizierung der eigenen Position, die Wahrnehmung anderer und die Eigenwahrnehmung, die Stimmung allgemein.

Wer mehrfach mit dieser Methode arbeitet, wird feststellen, dass er eine Sensibilität für die unterschiedlichen Werte entwickelt – und größere Sicherheit im Umgang mit Entscheidungen.

Tools

- Papier, Stifte
- Zeit, um allein oder im Team die Werte-Medaillen zu vergeben

Go

- Die Entscheidungslage, das Projekt, die Idee, der Konflikt sind definiert.
- Die Grundfassung der Verteilung der Werte-Medaillen wird gezeichnet. Es ist eine Pyramide aus sechs Kreisen, die Gewichtung erfolgt durch die Wertstufen.

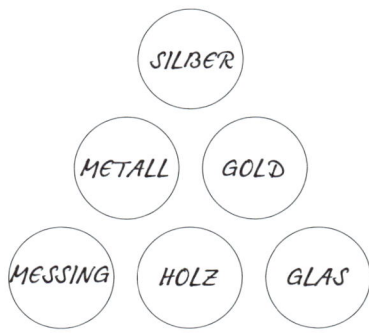

- Jeder Wert beinhaltet vier Abstufungen.

Starke Werte (4 Punkte) sind groß und wichtig

Solide Werte (3 Punkte) sind lohnend und wesentlich

Schwache Werte (2 Punkte) sind eher im »Normalbereich«

Ferne Werte (1 Punkt) fallen vermutlich nicht ins Gewicht

- Negative Wertungen werden mit einem Minuszeichen und einer Wertziffer versehen.
- Jeder Wert wird geprüft und in dem entsprechenden Kreis notiert.
- Die Werteprüfung ergibt eine differenzierte Beurteilung und Gewichtung, die als Arbeitsgrundlage oder Entscheidungsgrundlage dient.

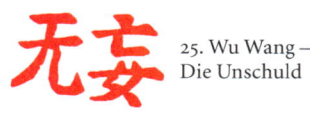

25. Wu Wang –
Die Unschuld

Jospeh Beuys, Künstler und Denker (1921–1986), zum Thema Denken: »Vor der Frage: Was können wir tun? muss der Frage nachgegangen werden: Was müssen wir denken?« Edward de Bono, geboren 1933 in Malta, Psychologe und weltweit bekannter »Denk-Papst«, hat schulisches, universitäres und unternehmerisches Denken revolutioniert. De Bonos Schlüsselbegriffe sind: Konstruktivität statt Konflikt, Kreativität statt Verharren in starren Mustern, Einfachheit statt Kompliziertheit und Respekt menschlicher Werte statt Überlegenheit um jeden Preis. Der ausschließliche Wert von Logik, Kritik und Argumentation wird von ihm vehement in Frage gestellt.

Zwei junge Frauen begegnen auf der Straße einem Frosch. »Küss mich«, sagt der Frosch, »dann verwandle ich mich in einen Ölmagnaten.« Eine der Frauen hebt ihn auf und steckt ihn in die Handtasche. »Willst du ihn nicht küssen?«, fragt die andere. »Nein, ein Frosch, der sprechen kann, ist viel mehr wert!«

Wer A sagt, muss nicht
B sagen.
Er kann auch erkennen,
dass A falsch war.

B. BRECHT

The Day after Rückblick

Wie man die Entscheidungsfähigkeit verbessert

Ob eine Entscheidung richtig oder falsch ist, kann man immer erst im Nachhinein feststellen. Eine Entscheidung, die bereits das sichere Ergebnis in sich trägt, ist selten. Was sich aber mit hundertprozentiger Sicherheit einstellt, ist der allseits bekannte Effekt »Das habe ich vorher gewusst« – eine Berufskrankheit nicht nur bei Journalisten und Hellsehern. Hier heißt es, aufmerksam zu sein, sonst verschenkt man den Vorteil des Rückblicks. Denn: »Nach dem Spiel ist vor dem Spiel«, wusste schon Bundestrainer Sepp Herberger (1897–1977).

Kognitionsforscher nennen das Phänomen *Hindsight Bias* (englisch *hindsight:* im Nachhinein, *bias:* beeinflussen): Wenn ein Ergebnis vorliegt, verzerrt das menschliche Gehirn das Geschehene, bis man meint, man habe alles bereits vorher gewusst. Ein ähnlicher Effekt stellt sich ein, wenn nach einer Fehlentscheidung Fakten ans Tageslicht kommen und man fälschlicherweise annimmt, man hätte sie kennen müssen. Unabhängig davon, wie Erfolge und Misserfolge zustande kommen, wie Entscheidungen aussehen und ausgehen – das menschliche Gehirn arbeitet unablässig daran, alles sicher, übersichtlich und sonnenklar erscheinen zu lassen.

Entscheidungen zu fällen ist eine Notwendigkeit. Aber jede Entscheidung bietet auch die Möglichkeit, Erfahrungen zu sammeln. Eine gründliche Analyse der tatsächlichen Folgen ist ein gutes Instrumentarium, die eigene Entscheidungsfähigkeit auf Dauer nachhaltig zu verbessern. Souverän entscheidet nicht, wer sich weismacht, sowieso alles immer schon gewusst zu haben, sondern derjenige, der seine Verhaltensmuster, Entscheidungsmechanismen und persönliche Wahrnehmung kennt.

Tools

- alle aus der Entscheidung resultierenden Ergebnisse
- ein Entscheidungstagebuch oder Papier
- ein Stift

Go

Das Thema ist: War die Entscheidung richtig? Das Ergebnis und seine Folgen werden kontrolliert und nachbearbeitet, indem diese Fragen beantwortet werden:
- Ist das Ergebnis der Entscheidung wunschgemäß ausgefallen?
- Welche Abweichungen vom Wunschziel sind eingetreten? Welche

92

Erwartungen sind übertroffen, welche nicht erreicht worden?

• Welche Gründe gibt es für die Abweichungen? (Falsche Informationen, falsche Einschätzung, unvorhergesehene Risiken, technische Probleme, glückliche Zufälle, persönlicher Einsatz …)

• War die Zielvorstellung zu optimistisch? War sie zu pessimistisch?

• Wurden alle Optionen, die zum Ergebnis geführt haben, richtig eingeschätzt? Wurden alle Optionen gesehen?

• Wurden die eigenen Fähigkeiten optimal eingesetzt?

• Wurden die richtigen Prioritäten gesetzt?

• Welche Folgen waren definitiv nicht einschätzbar zum Entscheidungszeitpunkt?

• Wie würde man sich heute entscheiden?

• Warum würde die Entscheidung heute so aussehen?

Tipp

Anschließend an diese und jede andere Entscheidungs-Nachbearbeitung sollte eine Plus/Minus-Liste (siehe Seite 32/33) erstellt werden, um nicht nur die Fehler, sondern vor allem auch die eigenen Stärken zu erkennen. Eine weitere Hilfe bietet ein Entscheidungstagebuch (siehe Seite 131 f. im Anhang).

Viele erkennen zu spät, dass man auf
der Leiter des Erfolges einige Stufen überspringen kann.
Aber immer nur beim Hinuntersteigen.

WILLIAM SOMERSET MAUGHAM

49. Go –
Die Umwälzung

Denkfehler sind unter dem Namen »kognitive Täuschungen« in die Wissenschaft eingegangen. Während bei Descartes und den Aufklärungsphilosophen das menschliche Erkenntnisvermögen mit der Fähigkeit reflexiven Bewusstseins identifiziert wurde, geht die Kognitionswissenschaft davon aus, dass die meisten Prozesse unbewusst ablaufen. So auch die Suchprozesse des repräsentativen Gedächtnisses, erst das Ergebnis wird an das Bewusstsein geliefert, »es fällt uns ein«.

Daniel Kahnemann (geboren 1930), amerikanischer Psychologe und Nobelpreisträger für Ökonomie 2002, wurde bekannt durch seine Untersuchungen, wann und warum Menschen von den Normen rationalen Entscheidens abweichen. Kahnemann verknüpft Psychologie und Wirtschaftswissenschaft und bezweifelt, dass der *homo oeconomicus* konsequent nach der Maximierung des Eigennutzes handelt. Er weist die eingeschränkte Rationalität der *Behavioral Economics* (Verhaltensökonomik) gerade in unsicheren Zeiten nach und belegt, dass Menschen sich in ihrem Handeln stärker von drohenden Verlusten als von potenziellen Gewinnen leiten lassen. So werden die Kursschwankungen an den Börsen weniger von rationalem Verhalten und fundamentalen Daten, sondern eher durch »Stimmungen« und »Herdenverhalten« geprägt.

Wie man sich für den richtigen Mitarbeiter entscheidet

Wer eine Personalentscheidung treffen muss oder will, tut gut daran, den Bewerber nicht nur nach dem Augenschein zu beurteilen. Persönliche Chemie ist nicht alles; Aspekte wie emotionale Stabilität, Kontaktfähigkeit, Leistungsbereitschaft und geschlechtsspezifisches Rollenverhalten erschließen sich nicht auf den ersten Blick.

Pro Jahr wird in Deutschland über etwa 3 Millionen Personaleinstellungen entschieden. Der dabei eingesetzte Kosten- und Zeitaufwand ist immens, zumal etwa 50 Prozent der eingestellten Mitarbeiter nach einem Jahr nicht mehr in den jeweiligen Unternehmen beschäftigt sind. Nach einem weiteren Jahr ist diese Zahl noch einmal um die Hälfte reduziert. Das sind 2,25 Millionen Einstellungen, die für die Unternehmen oder die Mitarbeiter nicht optimal waren. 30 Milliarden Euro Verlust entstehen jährlich durch solche Fehlentscheidungen. Da ist es verständlich, dass versucht wird, die Bewerber auf ihre Eignung zu testen. Am häufigsten eingesetzt werden so genannte Intelligenztests (die mittlerweile umstritten sind), Leistungs-Konzentrations-Tests, und Persönlichkeitstests sowie die komplexen Methoden der Assessment-Center.

In Persönlichkeitstests werden unterschiedliche Faktoren angesprochen. Ganz nebenbei wird auch noch die Glaubwürdigkeit überprüft, indem ähnlich lautende Fragen gestellt werden, die im Eifer des Test-Gefechts »aus dem Bauch« heraus beantwortet werden sollen. Es geht um:

Kontaktfähigkeit – *von Kontaktfreudigkeit bis Kontaktarmut*
Leistungsbereitschaft – *von Leistungsorientierung bis Leistungsvermeidung*
Vertrauensbereitschaft – *von Vertrauensseligkeit bis zu chronischem Misstrauen*
Durchsetzungsvermögen – *von Machthunger bis Unterordnungsbereitschaft*
Ausgeglichenheit – *von stoisch bis psychisch labil*
Veränderungsbereitschaft – *von Veränderungslust bis Sicherheitsdenken.*

Zwei Beispiele aus einem solchen Test:
Wenn ich in einem Kaufhaus von einer Verkäuferin nicht so bedient werde, wie ich es mir wünsche, gehe ich ohne zu zögern zum Abteilungsleiter.
a) stimmt
b) teils, teils
c) stimmt nicht

Hier geht es um soziales Verhalten und Durchsetzungsvermögen, und zwar in einem Spektrum, das von Anpassung und Unterordnung bis hin zu selbstbewusstem und unnachgiebigem Auftreten reicht.

Wenn ich mit einer schweren Erkältung im Bett liege, erlebe ich dies

a) als eine Art von Urlaub

b) teils, teils

c) macht mich das besorgt, weil ich nicht arbeiten kann

Bei dieser Frage geht es unter anderem um die Faktoren Flexibilität und Pflichtbewusstsein. Das Spektrum reicht von ungezwungen und unordentlich bis ordnungsliebend und gewissenhaft.

Für einen ersten Einblick in das persönliche Grundmuster eignet sich die schlanke Version eines solchen Persönlichkeitstests mit 66 Fragen. Übrigens auch für einen Blick auf sich selbst!

Tools

• Ein Stift
• 30 Minuten Zeit.

Go

• Schlagen Sie die Fragen im Anhang (Seite 135 f.) auf und beantworten Sie sie zügig. Eine Auswertungstabelle findet sich dort im Anschluss.

11. Tai –
Der Friede

In der Weimarer Republik (1919–1933) liegen die Ursprünge des Assessment-Centers (englisch: *to assess* = einschätzen), das heute als Personal-Auswahlverfahren weltweit verbreitet ist. Das Testverfahren wurde von dem Militärpsychologen J. B. Rieffert für die Offiziersauswahl entwickelt und 1942 von der britischen Armee und vom US-amerikanischen Geheimdienst übernommen. Zur Anwendung kamen Assessment-Center hauptsächlich in militärischen Beurteilungsprogrammen, in denen vor allem individuelle und gruppenbezogene Arbeitsproben, Interviews, Intelligenz- und Persönlichkeitstests zur Beurteilung der einzelnen Kandidaten herangezogen wurden. Darin sah man nicht nur die Möglichkeit einer Diagnose der Gesamtpersönlichkeit, sondern auch einen ersten Schritt zum Abbau sozial diskriminierender Auswahlprinzipien. Seit den 1970er Jahren boomte das Assessment-Center als Auswahlverfahren in den USA, seit Anfang der 1980er Jahre ist es in den europäischen Industriestaaten fester Bestandteil der Personalauswahl und -entwicklung.

Akzeptiere niemals eine kurzfristige Lösung für ein langfristiges Problem.

SIR JAMES DEWAR

95

I Ging

Es gibt Situationen, in denen man sich einen Wegweiser wünscht, einen unabhängigen weisen Ratgeber. Dann ist es Zeit für eine Befragung des I Ging. Das weissagende System, das im chinesischen *Buch der Wandlungen* überliefert ist, geht auf eine jahrtausendalte Tradition zurück und gehört zu den Schätzen der Weltliteratur. Mit seiner Hilfe lassen sich alle Vorgänge des Lebens deuten und erklären. Einzigartig ist die Tatsache, dass die Wandlung im Mittelpunkt des Geschehens steht und der Faktor Zeit eine herausragende Bedeutung hat.

Traditionell wurden in China 50 getrocknete Schafgarbenstängel für das I Ging benutzt, die, in eine zufällige Ordnung gebracht, die Antwort ergaben. Diese Technik setzt viel Zeit voraus, da insgesamt dreihundert Stäbchen in unterschiedlicher Anordnung »gelesen« werden müssen. Die seit Jahrhunderten bewährte Methode, sechsmal drei Geldstücke zu werfen, führt ebenso sicher zum Hexagramm, dem sechszeiligen Symbol für die Antwort.

Die Zusammensetzung des Hexagramms basiert auf dem Binärsystem, das auch Computern zugrunde liegt, und dieses Binärsystem wird in Linienarten umgesetzt. Die chinesische Lehre kennt zwei Prinzipien, die zusammen ein Ganzes ergeben, nämlich Yin und Yang – das weibliche und das männliche Grundprinzip. Eine Linie kann immer nur eines dieser beiden Prinzipien darstellen: entweder Yin (unterbrochene Linie: das Biegsame, Nachgiebige und Materielle) oder Yang (durchgezogene Linie: das Feste, Beharrliche und das Geistige). Durch den Wurf der Münzen wird die Art der einzelnen Linien festgelegt.

Tools

- drei gleichartige Münzen
- Papier und Stift
- das Entscheidungsbuch bzw. Kurzfassung der Ergebnisse im Anhang
- Zeit und Ruhe

Go

- Die Frage wird formuliert und aufgeschrieben.
- Die drei Münzen werden in die linke Hand gelegt, die rechte Hand liegt darüber.

- Die Münzen werden ein paar Sekunden geschüttelt, die Frage wird dabei stumm wiederholt.
- Die Hände werden intuitiv im richtigen Moment geöffnet: die Münzen fallen.
- Das erste Ergebnis wird abgelesen. Diese Variationen sind möglich: entweder 3 x Zahl, oder 3 x Rückseite, oder 2 x Zahl und 1 x Rückseite oder 1 x Zahl und 2 x Rückseite.
- Jede Variation der drei Münzen ergibt jeweils eine Linienart:

2 x Zahl, 1x Rückseite:
ungeteilte Linie 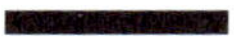

1 X Zahl, 2 x Rückseite:
geteilte Linie: 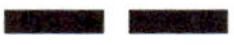

3 x Zahl:
geteilte Linie: 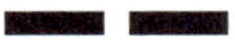

3 x Rückseite:
ungeteilte Linie 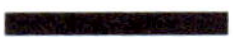

Abhängig davon, welche Kombination geworfen wird, steht nun bereits die *erste* Linie, und zwar *die unterste*, des Hexagramms fest. Diese Linie wird notiert:

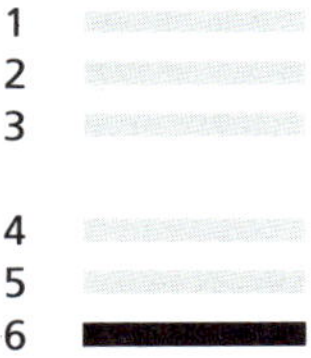

- Der Münzwurf wird nun noch fünfmal wiederholt, um die sechs Linien des Hexagramms zu ermitteln.
- Es entsteht ein unteres und ein oberes Trigramm (Dreier-Zeichen), das aus jeweils 3 Linien besteht. Die Trennung zwischen dem unteren und oberen Trigramm erleichtert das Auffinden des Hexagramms in der Tabelle.

益 42. I –
Die Mehrung

Das I Ging besteht in seiner jetzigen Form seit mindestens 2000 Jahren, es weist auf einen der legendären Herrscher Chinas, Fu Xi (2852–2738 v. Chr.), zurück. Die Ursprünge liegen aber wahrscheinlich in den schamanischen Traditionen der Jungsteinzeit (5000 Jahre v.Chr.), aus der das Ritual hervorging, Feuermale in Schildkrötenpanzer zu brennen und aus den entstehenden Rissen zu orakeln. Es waren 360 Linienarten bekannt, die weissagend übersetzt wurden. Es gibt auch Theorien, die im I Ging ein Werk des Konfuzius (551–479 v. Chr.) sehen und es als einen der fünf konfuzianischen Klassiker betrachten.

Der Legende nach hat Fu Xi die acht Trigramme des I Ging auf dem Rücken einer heiligen Schildkröte entdeckt. Die Schildkrötenpanzer galten als das »Geheimnis von Himmel und Erde«: Der flache Bauchpanzer symbolisierte die Erde, das Materielle, während der gewölbte Rückenpanzer für den Himmel und das Geistige stand. Ein Archiv mit 100.000 Schildkrötenpanzern dokumentiert die frühen I-Ging-Befragungen, etwa 1000 v. Chr. wurden sie durch Steintafeln ersetzt.

Wenn das Pferd tot ist, steig ab!

INDIANISCHE WEISHEIT

Wichtig: Die Linien werden von unten nach oben eingetragen!

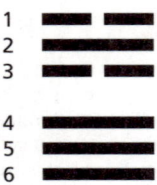

In der Hexagramm-Übersicht (im Anhang, gleich anschließend) stehen am linken Rand die unteren Trigramme, also die unteren drei Linien, und am oberen Rand die oberen Trigramme. Die Nummer, die am Kreuzungspunkt steht, ergibt die Zahl des geworfenen Hexagramms, mit der man die Deutung findet.

Bei unserem Beispiel findet sich das Trigramm 1, das aus den unteren drei Linien besteht, als erstes Zeichen am linken Rand der Hexagramm-Tabelle und das obere Trigramm 1 als viertes Zeichen am oberen Rand. Das ergibt das Hexagramm Nummer 5. Diese Zahl wird notiert. Die Deutung steht im Deutungsteil, dort sind die Hexagramme fortlaufend nach Zahlen geordnet: 5. Sü – Das Warten.

• In den Deutungen wird der zum Hexagramm passende Text – »das Urteil« – gelesen, er ist die Antwort auf die Frage.
• Für die Urteile des I Ging sollte man sich Zeit nehmen, sie auf sich wirken lassen und nicht »zerdenken«. Die gesamte Deutung der 64 Hexagramme mit den hilfreichen Kommentaren ist ein umfangreiches Buch (siehe Literaturtipps). In der im Anhang aufgeführten Version ist die Deutung auf die Ursprungsform reduziert, die aus den Urteilen bestand.

Die Alternative zum Münzwurf

Der Rat des I Ging für Eilige: Wer keine Münzen zur Hand hat, kann das I Ging mit Hilfe dieses Buches befragen und zwar nach dem Prinzip der Stichomantie (siehe Seite 30/31).

ANHANG

I Ging
Basisdeutung der Hexagramme

Die Urteile sind die Urform der I-Ging-Deutung, die im Laufe von etwa 2000 Jahren von unterschiedlichen Autoren durch Kommentare und Deutungszusätze ergänzt wurde. So werden im Großen Buch der Wandlungen neben dem Urteil auch die sechs Hexagrammlinien gedeutet. Sie geben näheren Aufschluss über den Wandlungsprozess. Das Gesamtwerk umfasst mehrere Hundert Deutungs-Seiten.

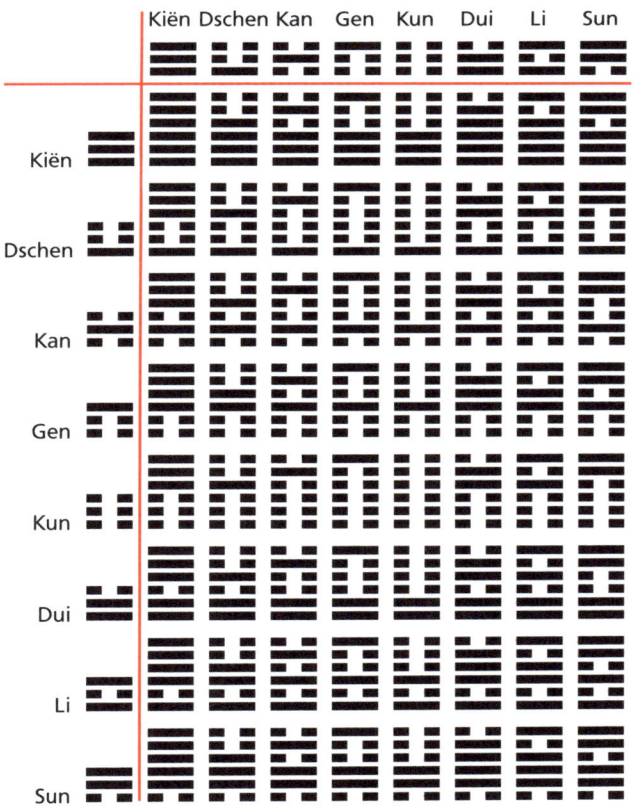

Die kompletten Hexagramme in der Übersicht

Die im I Ging enthaltene Kosmologie und Philosophie zeigt wie kein anderes Werk der Menschheitsgeschichte alle Bewegungen des Bewusstseins, symbolisch dargestellt in den 64 Hexagrammen, die auf 8 Trigrammen beruhen: Kiën (der Himmel), Kun (die Erde), Dui (der See), Gen (der Berg), Li (das Feuer), Kan (das Wasser). Dschen (der Donner) und Sun (der Wind). Die jeweiligen Erklärungen erleichtern den Zugang zu den einzelnen Urteilen. Assoziationen, die spontan auftauchen, sind wichtige Hinweise für den weiteren Verlauf des Geschehens.

	1	11	34	5	26	9	14	43
	12	2	16	8	23	20	5	45
	25	24	51	3	27	42	21	17
	6	7	40	29	4	59	64	47
	33	15	62	39	52	53	56	31
	44	46	32	48	18	57	50	28
	13	36	55	63	22	37	30	49
	10	19	54	60	41	61	38	58

Die Trigramm-Tabelle zum Auffinden der Hexagramm-Zahl

Die immer wiederkehrenden Begriffe im Text bedeuten sinngemäß:

Das große Wasser überqueren:
Eine wichtige Handlung, große Tat, aber auch Risiken

Fördern durch Beharrlichkeit:
Wirken mit dem Einsatz der ganzen Person, auch Arbeit an sich selbst und Geduld, bis Prozesse abgeschlossen sind

Heil und Unheil:
Gewinn und Verlust

Kein Makel:
Fehler werden rechzeitig erkannt und korrigiert.

1. Kiën – Das Schöpferische

Das Urteil:

Das Schöpferische wirkt erhabenes Gelingen,
fördernd durch Beharrlichkeit.

Neues sucht seinen Weg, Maßstäbe werden gesetzt, Gestaltungskraft ist gefragt. Es geht darum, Verantwortung zu tragen und Führungsaufgaben richtig wahrzunehmen. Widerstände lassen sich aus dem Weg räumen. Konsequenz – nicht Eigensinn oder Starrsinn – fördert den Erfolg.

2. Kun – Das Empfangende

Das Urteil:

Das Empfangende wirkt erhabenes Gelingen,
fördernd durch die Beharrlichkeit einer Stute.
Hat der Edle etwas zu unternehmen und will voraus,
so geht er irre; doch folgt er nach, so findet er Leitung.
Fördernd ist es, im Westen und Süden Freunde zu finden,
im Osten und Norden der Freunde zu entraten.
Ruhige Beharrlichkeit bringt Heil.

Nichts erzwingen, nichts fordern. Eine Zeit, in der gelassene Ruhe wichtig ist. Es fügt sich alles, ohne dass man entscheidend eingreifen oder etwas anstoßen muss. Offenheit ist die beste Grundlage für jeden weiteren Schritt.

3. Dschun – Die Anfangsschwierigkeiten

Das Urteil:

Die Anfangsschwierigkeit wirkt erhabenes Gelingen,
fördernd durch Beharrlichkeit.
Man soll nichts unternehmen.
Fördernd ist es, Gehilfen einzusetzen.

Neue Prioritäten sind gefordert, es ist eine Wendezeit, in der vieles chaotisch wirkt. Unterstützung bei Freunden und Ratgebern sollte gesucht, Ruhe bewahrt werden. Geduld ist gefragt.

4. Mong – Die Jugendtorheit

Das Urteil:

Jugendtorheit hat Gelingen.
Nicht ich suche den jungen Toren,
der junge Tor sucht mich.
Beim ersten Orakel gebe ich Auskunft.
Fragt er zwei-, dreimal, so ist das Belästigung.
Wenn er belästigt, so gebe ich keine Auskunft.
Fördernd ist Beharrlichkeit.

Die Situation ist unsicher, noch ist nicht jede Information vorhanden, die gebraucht wird. Hilfe und Unterstützung sollten eingeholt werden, allerdings nur, wenn man auch bereit ist, die Ratschläge ernst zu nehmen und ihnen zu folgen. Wurde das I Ging mehrfach zur gleichen Problemstellung befragt? Dann gibt es jetzt erst einmal keine zuverlässige Auskunft mehr. Die Frage wurde bereits beantwortet!

5. Sü - Das Warten

Das Urteil:

Das Warten.
Wenn du wahrhaftig bist, so hast du Licht und Gelingen.
Beharrlichkeit bringt Heil.
Fördernd ist es, das große Wasser zu durchqueren.

Geduld, Zuversicht und positive Gelassenheit sind wichtig. Die innere Gewissheit und die Ruhe, den richtigen Zeitpunkt abzuwarten, um erst dann entschlossen zu handeln, werden entscheidend sein.

6. Sung – Der Streit

Das Urteil:

Der Streit: Du bist wahrhaftig und wirst gehemmt.
Sorgliches Innehalten auf halbem Weg bringt Heil.
Zu Ende führen bringt Unheil.
Fördernd ist es, den großen Mann zu sehen.
Nicht fördernd ist es, das große Wasser zu durchqueren.

Man begegnet Widerständen, die nicht mit Gewalt beseitigt werden sollten. Unparteiischer Rat kann sehr nützlich sein! Überlegtes Handeln ist wichtig.

7. Schï – Das Heer

Das Urteil:
Das Heer braucht Beharrlichkeit und einen starken Mann.
Heil ohne Makel.
Wenn das richtige Ziel und die richtige Führungsspitze vorhanden sind, sollte man alle Kräfte bündeln. Ist das Ziel großen Einsatz wert? Dann stehen die Chancen gut. Die Energie sollte nicht bei unwichtigen Aktionen und auf Nebenschauplätzen vergeudet werden.

8. Bi – Das Zusammenhalten

Das Urteil:
Das Zusammenhalten bringt Heil.
Ergründe das Orakel nochmals,
ob du Erhabenheit, Dauer und Beharrlichkeit hast;
dann ist kein Makel da.
Die Unsicheren kommen allmählich herbei.
Wer zu spät kommt, hat Unheil.
Zusammenhalten und Solidarität sind gefordert. Wer jetzt im Mittelpunkt steht, braucht Verantwortungsgefühl und Entschlusskraft. Außerdem ist wichtig, dass die zentrale Idee durchdacht ist. Einsame Entscheidungen sind momentan nicht günstig!

9. Siau Tschu – Des Kleinen Zähmungskraft

Das Urteil:
Des Kleinen Zähmungskraft hat Gelingen.
Dichte Wolken, kein Regen von unserm westlichen Gebiet.
Kleingeist und Engstirnigkeit verhindern große Ziele. Routinehandlungen sind durchaus erfolgversprechend. Momentan geht nichts schnell. Gefragt sind Fingerspitzengefühl und Einfühlungsvermögen. Auch kleine Blockaden können sich zu einem dauerhaften Hindernis auswachsen.

10. Lü – Das Auftreten

Das Urteil:

Auftreten auf des Tigers Schwanz.

Er beißt den Menschen nicht. Gelingen.

Die Lage ist schwierig. Mit gut durchdachten Kompromissen und ausgeglichener Haltung kommt man weiter.

11. Tai - Der Friede

Das Urteil:

Der Friede. Das Kleine geht hin, das Große kommt her.

Heil! Gelingen!

Neue Ideen können verwirklicht werden, Auf- und Ausbau gelingen, eine Zeit des »Alles ist möglich«. Streit kann beigelegt werden, und Harmonie breitet sich aus. Eine Glück bringende Zeit!

12. Pi - Die Stockung

Das Urteil:

Die Stockung.

Schlechte Menschen sind nicht fördernd

für die Beharrlichkeit des Edlen.

Das Große geht hin, das Kleine kommt herbei.

Die Frage steht nicht im Einklang mit den großen Entwicklungstendenzen! Es ist eine Zeit der Entfernung, der Apathie und Ablehnung. Selbst integres Handeln kann zu Verstrickungen führen. Schadensminimierung und Zurückhaltung sind gefordert. Die eigenen Werte sollten nicht verraten werden!

13. Tung Jen - Gemeinschaft mit Menschen

Das Urteil:

Gemeinschaft mit Menschen im Freien: Gelingen.

Fördernd ist es, das große Wasser zu durchqueren.

Fördernd ist des Edlen Beharrlichkeit.

Gemeinsamkeit bringt Stärke, Alleingänge sind nicht günstig. Wenn alle an einem Strang ziehen, kann viel erreicht werden. Organisation und Struktur sind wichtig, damit jeder an seinem Platz das Beste geben kann.

14. Da Yu – Der Besitz von Großem

Das Urteil:

Der Besitz von Großem: Erhabenes Gelingen.

Eine gute Zeit! Klarheit und Erfolg und Gewinn stellen sich ein. Wer einflussreich ist, sollte umsichtig und fair handeln, dann ist der nächste Erfolg unmittelbar da. Jedes Ziel kann erreicht werden. Erfolge sollten nicht als Gewohnheitsrecht betrachtet werden.

15. Kiën – Die Bescheidenheit

Das Urteil:

Bescheidenheit schafft Gelingen.

Der Edle bringt zu Ende.

»Bescheidenheit ist eine Zier...« Eigenlob ist nicht angesagt, Zurückhaltung und die Akzeptanz von Stärken und Schwächen sollten im Vordergrund stehen. Festgefahrene Meinungen sollten überprüft werden! Vertrauen ist wichtig.

16. Yü - Die Begeisterung

Das Urteil:

Die Begeisterung. Fördernd ist es,

Gehilfen einzusetzen und Heere marschieren zu lassen.

Wer im Einklang mit sich und den Mitmenschen ist, kann Großes vollbringen. Man kann andere begeistern und mitreißen, sollte aber kritisch prüfen, was man da anpreist und wofür man sich engagiert. Widerständen sollte und kann man geschickt ausweichen.

17. Sui – Die Nachfolge

Das Urteil:

Die Nachfolge hat erhabenes Gelingen.

Fördernd ist Beharrlichkeit. Kein Makel.

Es ist nicht die Zeit der Auseinandersetzungen. Ziele sollten überdacht und geprüft werden. Ruhe und Bedacht sind gefragt. Als Vorgesetzter sollte man den Aspekt des Dienens wahrnehmen und nicht nur an das Führen denken. Fortschritt stellt sich jetzt durch Anpassung an die Gegebenheiten ein.

18. Gu – Die Arbeit am Verdorbenen

Das Urteil:

Die Arbeit am Verdorbenen hat erhabenes Gelingen.

Fördernd ist es, das große Wasser zu durchqueren.

Vor dem Anfangspunkt drei Tage,

nach dem Anfangspunkt drei Tage.

Eigene Fehler sorgen für Verwirrung und Stagnation. Die Zeichen für Erfolg stehen gut, wenn diese Fehler erkannt und vermieden werden. Gleichgültigkeit sollte durch Entschlossenheit ersetzt, Festgefahrenes energisch wiederbelebt werden. In Zukunft alte Fehler vermeiden!

19. Lin – Die Annäherung

Das Urteil:

Die Annäherung hat erhabenes Gelingen.

Fördernd ist Beharrlichkeit.

Kommt der achte Monat, so gibt's Unheil.

Es ist eine Zeit des Fortschritts, die Gunst der Stunde sollte unbedingt genutzt werden. Es kann durchaus auch wieder abwärts gehen, darum sind schon jetzt Disziplin und Weitsicht gefordert. Pläne können jetzt sehr erfolgreich durchgeführt werden.

20. Guan - Die Betrachtung

Das Urteil:

Die Betrachtung.

Die Waschung ist geschehen, aber noch nicht die Darbringung.

Vertrauensvoll blicken sie zu ihm auf.

Vorbildhaftes Verhalten ist gefragt. Mit gutem Beispiel vorangehen! Es ist eine Zeit, in der man viel voneinander lernen kann. An einer realistischen Betrachtung der Situation sollte gearbeitet werden, um das Vertrauen aller zu erlangen.

21. Schï Ho – Das Durchbeißen

Das Urteil:

Das Durchbeißen hat Gelingen.

Fördernd ist es, Gericht walten zu lassen.

Ein Hindernis steht im Weg, es sollte ohne großes Zögern mit Klarheit und Ent- schiedenheit ausgeräumt werden, denn es wird sich nicht von allein lösen. Wenn die eigenen Grundsätze nicht definiert und durchgesetzt werden, können Nach- teile entstehen. Runter mit der rosaroten Brille! Eine radikale Reform bestehender Verhältnisse kann gefordert sein.

22. Bi – Die Anmut

Das Urteil:

Anmut hat Gelingen.

Im Kleinen ist es fördernd, etwas zu unternehmen.

Alles scheint gut und richtig und dieses Gefühl sollte genossen werden und in den Alltag einfließen. Für die großen Entscheidungen reicht diese Zeitqualität nicht, es ist eher eine Ruhephase, in der es um starke Emotionen geht. Die eigenen Grund- sätze sollten auch jetzt gewahrt werden.

23. Bo – Die Zersplitterung

Das Urteil:

Die Zersplitterung. Nicht fördernd ist es, wohin zu gehen.

Die Lage ist kritisch, Rückzug ist angesagt. Das Fundament wird überprüft, und alles, was kurzsichtig begonnen wurde, steht auf dem Prüfstand. Es gilt, die Zeit für sich arbeiten zu lassen und sich in das Unvermeidliche zu fügen.

24. Fu – Die Wiederkehr

Das Urteil:

Die Wiederkehr. Gelingen.

Ausgang und Eingang ohne Fehl.

Freunde kommen ohne Makel.

Hin und her geht der Weg.

Am siebten Tage kommt die Wiederkehr.

Fördernd ist es, zu haben, wohin man geht.

Alte Freunde, alte Ziele, alte Ideen kehren zurück. Ein alter Zyklus ist beendet, und es ist Zeit für einen besonnenen Neubeginn. Eigene Lebensmuster können jetzt erkannt werden.

25. Wu Wang – Die Unschuld

Das Urteil:

Die Unschuld. Erhabenes Gelingen.

Fördernd ist Beharrlichkeit.

Wenn jemand nicht recht ist, so hat er Unglück,

und nicht fördernd ist es, irgendetwas zu unternehmen.

Offenheit ist gefragt, auch für die innere Stimme. Die rational gesetzten Ziele sollten ruhen. Der spontane, intuitive und auch indirekte Weg ist der richtige. Das Unerwartete wird zum Ziel führen, Überraschendes liegt in der Luft!

26. Da Tschu – Des Großen Zähmungskraft

Das Urteil:

Des Großen Zähmungskraft. Fördernd ist Beharrlichkeit.

Nicht zu Hause essen bringt Heil.

Fördernd ist es, das große Wasser zu durchqueren.

Es kann nichts erzwungen werden, Unsicherheit oder Zweifel sollten mit Bedacht ausgeräumt werden. Handeln kann, wer seine Kraft beherrscht, zu viel Druck gefährdet die Vorhaben. Erfahrene Ratgeber können hilfreich werden!

27. I – Die Mundwinkel

Das Urteil:

Die Mundwinkel. Beharrlichkeit bringt Heil.

Sieh auf die Ernährung und womit einer selbst sucht, seinen Mund zu füllen.

Es sollte auf die leibliche, geistige und seelische Nahrung geachtet werden.

28. Da Go – Des Großen Übergewicht

Das Urteil:

Des Großen Übergewicht. Der Firstbalken biegt sich durch.

Fördernd ist es, zu haben, wohin man gehe.

Gelingen.

Vorsicht ist geboten in dieser Zeit. Falls es zu einer Kraftprobe kommt, kann man mit überlegten Handlungen und zentrierter Haltung den Druck abbauen.

29. Kan – Das Abgründige, das Wasser

Das Urteil:

Das wiederholte Abgründige.

Wenn du wahrhaftig bist, so hast du im Herzen Gelingen,

und was du tust, hat Erfolg.

Es sind schwierige Zeiten, die sich zu wiederholen scheinen. Sich selbst treu bleiben, den Kopf nicht verlieren! Kleine Erfolge als Fortschritt ansehen und umsichtig bleiben. Wer sich aufrichtig verhält, wird Gefahren abwenden können.

30. Li – Das Haftende, das Feuer

Das Urteil:

Das Haftende. Fördernd ist Beharrlichkeit.

Sie bringt Gelingen. Pflege der Kuh bringt Heil.

Wer in sich ruht, kann seinen Platz in der Welt wahrnehmen. Es ist keine Zeit für Einzelkämpfer, alles steht in Bezug zueinander und sollte geachtet und beachtet werden.

31. Hiën – Die Einwirkung

Das Urteil:

Die Einwirkung. Gelingen.

Fördernd ist Beharrlichkeit.

Ein Mädchen nehmen bringt Heil.

Stärke und Schwäche gehören zusammen, Männliches und Weibliches ziehen sich an, Macht wird nicht ausgenutzt, sondern umsichtig eingesetzt. Gegenseitige Bereicherung, Freundschaft und Zusammenarbeit sind begünstigt. Offen sein für Anregungen!

32. Hong – Die Dauer

Das Urteil:

Gelingen. Kein Makel.

Fördernd ist Beharrlichkeit.

Fördernd ist, zu haben, wohin man gehe.

Stillstand ist Rückschritt, wer mit seiner Zeit geht, wandelt sich mit ihr. Festhalten schafft Verluste, zu viel verlangen ebenso. Das Leben als Echo des Inneren betrachten und sich selbst treu bleiben!

33. Dun – Der Rückzug

Das Urteil:

Der Rückzug. Gelingen.

Im Kleinen ist fördernd Beharrlichkeit.

Jetzt sollte Ruhe bewahrt und eher der strategische Rückzug angetreten werden. Es geht nicht ums Kräftemessen, sondern um die Fähigkeit, zurückzustecken und trotzdem die eigenen Grundsätze zu wahren.

34. Da Dschuang – Des Großen Macht

Das Urteil:

Des Großen Macht. Fördernd ist Beharrlichkeit.

Erfolge und Macht sind durchaus Prüfungen, das eigene Gleichgewicht zu wahren.

Wer zu viel Stärke demonstriert, setzt sie nicht richtig ein. Mit großem Einsatz kann Großes erreicht werden, auch schwer wiegende Fehlentscheidungen, wenn nicht verantwortlich gehandelt wird. Beständiger Einsatz führt zum Erfolg!

35. Dsin – Der Fortschritt

Das Urteil:

Der Fortschritt:

Der starke Fürst wird geehrt durch Pferde in großer Menge.

An einem Tag wird er dreimal empfangen.

Zeit der Erfolge und des Fortschritts. Leistung wird anerkannt, Vertrauen zahlt sich aus. Beförderung ist möglich. Loyalität bewirkt Gutes, Gruppenarbeit schafft Entwicklungschancen.

36. Ming I – Die Verfinsterung des Lichts

Das Urteil:

Die Verfinsterung des Lichts.

Fördernd ist es, in der Not beharrlich zu sein.

Diese Zeit ist hart. Wer jetzt kritisch oder fordernd auftritt, verschlimmert die Lage. Zurückhaltung und Vorsicht sind wichtig, die innere Haltung sollte den eigenen Weg und Wert deutlich machen. In dieser Phase muss man sein eigenes Licht sein.

37. Gia Jen - Die Sippe

Das Urteil:

Die Sippe. Fördernd ist die Beharrlichkeit der Frau.

Zusammenhalt ist gefragt, eindeutiges Handeln entscheidend. Das väterliche wie das mütterliche Prinzip sollte beachtet werden: Konsequente Führung mit emotionaler und sozialer Kompetenz!

38. Kui – Der Gegensatz

Das Urteil:

Der Gegensatz. In kleinen Sachen Heil.

Meinungsverschiedenheiten und unterschiedliche Zielsetzungen können durch Kompromisse und Augenmaß gelöst werden. Die Politik der kleinen Schritte ist angesagt. Wer zu sehr auf seine eigene Sicht fixiert ist, löst Widerstände aus.

39. Giën – Das Hemmnis

Das Urteil:

Das Hemmnis. Fördernd ist der Südwesten.

Nicht fördernd ist der Nordosten.

Fördernd ist es, den großen Mann zu sehen.

Beharrlichkeit ist von Heil.

Hindernisse wollen respektiert werden! Die innere Stimme ist gefragt, Sammlung und Umsicht. Gemeinsamkeit macht stark, Alleingänge sind problematisch. Dranbleiben und an den Aufgaben wachsen, ist die Devise.

40. Hië – Die Befreiung

Das Urteil:

Die Befreiung. Fördernd ist der Südwesten.

Wenn nichts mehr da ist, wohin man zu gehen hätte,

ist das Wiederkommen von Heil.

Wenn es noch etwas gibt, wohin man gehen muss,

dann ist Raschheit von Heil.

Spannungen und Verwicklungen lösen sich auf, Ängste verschwinden. Das Gefühl der Befreiung macht sich breit, das Problematisieren kann ein Ende haben. Der Alltag läuft wieder reibungslos, wenn man nicht nachtragend ist und die Probleme immer wieder aufwärmt!

41. Sun – Die Minderung

Das Urteil:

Minderung verbunden mit Wahrhaftigkeit
wirkt erhabenes Heil ohne Makel.
Man kann darin beharrlich sein.
Fördernd ist es, etwas zu unternehmen.
Wie übt man das aus?
Zwei kleine Schüsselchen mag man benützen zum Opfer.

Weniger kann manchmal mehr sein ist die Devise. Einschränkung kann Wachstum bringen, Gewinn und Verlust haben ihre eigenen Gesetze. Die inneren Werte wachsen, wenn man sich von äußeren Hemmnissen nicht aufhalten lässt.

42. I – Die Mehrung

Das Urteil:

Die Mehrung. Fördernd ist es, etwas zu unternehmen.
Fördernd ist es, das große Wasser zu durchqueren.

Es gilt, die Gunst der Stunde zu nutzen, die Chancen zu erkennen und aktiv zu werden, wobei große Vorbilder hilfreich sind.

43. Guai – Der Durchbruch

Das Urteil:

Der Durchbruch.
Entschlossen muss man am Hof des Königs
die Sache bekannt machen.
Der Wahrheit gemäß muss sie verkündet werden. Gefahr!
Man muss seine eigene Stadt benachrichtigen.
Nicht fördernd ist es, zu den Waffen zu greifen.
Fördernd ist es, etwas zu unternehmen.

Mit kühlem Kopf gegen Widerstände arbeiten, positiv agieren, um Negatives zu verhindern. Kompromisslos, aber nicht gewaltsam vorgehen, für die Wahrheit eintreten und jede Selbstzufriedenheit vermeiden. Die inneren Widerstände und Vorstellungen überwinden!

44. Gou – Das Entgegenkommen

Das Urteil:

Das Entgegenkommen. Das Mädchen ist mächtig.

Man soll ein solches Mädchen nicht heiraten.

Neue Verbindungen genau prüfen, den eigenen Grundsätzen treu bleiben, Verführungen jeder Art widerstehen, keine unüberlegten Entscheidungen treffen, sich nichts einreden lassen!

45. Tsui – Die Sammlung

Das Urteil:

Die Sammlung. Gelingen.

Der König naht sich seinem Tempel.

Fördernd ist es, den großen Mann zu sehen.

Das bringt Gelingen. Fördernd ist Beharrlichkeit.

Große Opfer zu bringen schafft Heil.

Fördernd ist es, etwas zu unternehmen.

Im Team liegt die Chance, die richtigen Gruppierungen finden sich jetzt. In Gemeinschaft kann Großes erreicht werden, wenn alle an einem Strang ziehen. Arbeiten alle an sich, können Hindernisse überwunden werden, die unvorhergesehen auftauchen.

46. Schong – Das Empordringen

Das Urteil:

Das Empordringen hat erhabenes Gelingen.

Man muss den großen Mann sehen.

Fürchte dich nicht!

Aufbruch nach Süden bringt Heil.

Die Zeit des Erfolgs ist da! Wachstum lässt sich nicht mehr aufhalten! Wer beharrlich seine Ziele verfolgt, wird in vielen Bereichen Fortschritte und Gewinne machen. Mut und Zuversicht sind das Fundament, Kraft und Ansehen der Lohn.

47. Kun – Die Bedrängnis

Das Urteil:

Die Bedrängnis. Gelingen. Beharrlichkeit.

Der große Mann wirkt Heil. Kein Makel.

Wenn man etwas zu sagen hat, wird es nicht geglaubt.

Wer jetzt nicht aufgibt oder resigniert, wird weiterkommen. Die Ziele nicht aus den Augen verlieren, nicht zu viel von sich preisgeben, aber alle Pflichten erfüllen! Es ist eine Zeit des inneren Wachstums, das sich später in Erfolge wandeln wird.

48. Dsing – Der Brunnen

Das Urteil:

Der Brunnen. Man mag die Stadt wechseln,

aber kann nicht den Brunnen wechseln.

Er nimmt nicht ab und nimmt nicht zu.

Sie kommen und gehen und schöpfen aus dem Brunnen.

Wenn man beinahe das Brunnenwasser erreicht hat,

aber noch nicht mit dem Seil drunten ist

oder seinen Krug zerbricht, so bringt das Unheil.

Der Bezug zu sich selbst ist wichtig. Die eigene Tiefe, das Potenzial und die Gaben sollen geachtet und geschätzt werden. Es ist Zeit, die wirklich wichtigen Dinge wahrzunehmen und Oberflächlichkeit zu vermeiden. Eine Phase des scheinbaren Stillstands, aber der inneren Wandlung.

49. Go – Die Umwälzung

Das Urteil:

Die Umwälzung.

Am eigenen Tag, da findest du Glauben.

Erhabenes Gelingen, fördernd durch Beharrlichkeit.

Die Reue schwindet.

Veränderungen lassen sich nicht mehr aufhalten, auch wenn das Unbekannte Angst macht. Falsche Vorstellungen und Wege führen nicht weiter. Es geht um Klarheit und die Bereitschaft, den Wandel Schritt für Schritt durchzuziehen. Wachsamkeit und der Blick nach vorn zahlen sich aus!

50. Ding – Der Tiegel

Das Urteil:

Der Tiegel. Erhabenes Heil. Gelingen.

Eine Zeit, in der sich vieles fügt. Man findet seinen Platz, im Beruf, in Harmonie mit den Mitmenschen, in Beziehung. Wer jetzt weiterhin ernsthaft und gelassen seinem Weg folgt, wird erleben, dass alle Hemmungen sich auflösen.

51. Dschen – Das Erregende

Das Urteil:

Das Erschüttern bringt Gelingen.

Das Erschüttern kommt: Hu, Hu!

Lachende Worte: Ha, Ha!

Das Erschüttern erschreckt hundert Meilen,

und er lässt nicht Opferlöffel und Kelch fallen.

Ein heilsamer Umbruch steht bevor. Wer Angst und Furcht in sich selbst überwinden kann, den wird nichts mehr aus der Bahn werfen. Neuorientierung, Umdenken und unerschütterliche innere Sicherheit gehen Hand in Hand.

52. Gen – Das Stillehalten, der Berg

Das Urteil:

Stillehalten seines Rückens,

so dass er seinen Leib nicht mehr empfindet.

Er geht in seinen Hof und sieht nicht seine Menschen.

Kein Makel.

Wer seiner inneren Stimme folgt und Ruhe bewahrt, wird alle Probleme aus einer übergeordneten Perspektive erkennen und lösen können. Wenn die Zukunft ungewiss erscheint, ist es Zeit, die innere Mitte zu finden.

53. Dsiën – Die Entwicklung

Das Urteil:

Die Entwicklung. Das Mädchen wird verheiratet. Heil!

Fördernd ist Beharrlichkeit.

Langsam geht es voran, aber stetig. Zu viel Druck erzeugt Gegendruck. Planmäßiger, aber beständiger Fortschritt wird folgen. Hindernissen sollte nicht ausgewichen, die innere Sicherheit nicht aufgegeben werden.

54. Gui Me – Das heiratende Mädchen

Das Urteil:

Das heiratende Mädchen.

Unternehmungen bringen Unheil.

Nichts, das fördernd wäre.

Weit reichende Visionen können entwickelt werden, aber der Aktionsradius ist momentan noch begrenzt. Eine Zeit der Passivität, in der es auf die Ideale ankommt. Partnerschaften sollten sehr genau geprüft werden, ehe sie eingegangen werden. Bewegungen, die im Kreis zu laufen scheinen, sind die Aufforderung, ein Ende und damit einen Neuanfang zu finden.

55. Fong – Die Fülle

Das Urteil:

Die Fülle hat Gelingen.

Der König erreicht sie.

Sei nicht traurig; du musst sein wie die Sonne am Mittag.

Die Zeit des Überflusses und des Gelingens! Ziele werden verwirklicht, glückliche Umstände treten ein, Klarheit und Kraft überwiegen. Dies ist die Grundlage für weitere Erfolge und mehr Wachstum. Dass es zwischendurch auch andere Zeiten geben wird, sollte nicht vergessen werden, es geht nicht um den Zenit, sondern um Fülle, die wieder Fülle schaffen wird.

56. Lü – Der Wanderer

Das Urteil:

Der Wanderer. Durch Kleinheit Gelingen.

Dem Wanderer ist Beharrlichkeit von Heil.

Eine Phase der Bewegung, der wechselnden Szenarien. Konkrete Ziele sind jetzt nicht entscheidend. Es geht um neue Eindrücke, Umorientierung: keine festen Bindungen, keine langfristigen Planungen. Eine Zeit des Lernens, eine Zeit des Weiterziehens.

57. Sun – Das Sanfte, der Wind

Das Urteil:

Das Sanfte. Durch Kleines Gelingen.

Fördernd ist es, zu haben, wohin man geht.

Fördernd ist es, den großen Mann zu sehen.

Das Ziel muss völlig klar sein, wenn der lange Weg der kleinen Schritte gegangen wird. Geduld ist gefragt und Gelassenheit. Zu viel Druck und Forschheit schaden, Bescheidenheit und Zurückhaltung sind wichtig. Es wird Förderung und Unterstützung geben!

58. Dui – Das Heitere, der See

Das Urteil:

Das Heitere. Gelingen. Günstig ist Beharrlichkeit.

Jetzt können die Herzen der Mitmenschen berührt werden, Liebenswürdigkeit ist der Schlüssel. Offene Kommunikation und Lust am gemeinsamen Tun führen zu andauernden Erfolgen. Egoismus schadet, gegenseitige Ermutigung hilft!

59. Huan – Die Auflösung

Das Urteil:

Die Auflösung. Gelingen.

Der König naht seinem Tempel.

Fördernd ist es, das große Wasser zu durchqueren.

Fördernd ist Beharrlichkeit.

Wiedervereinigung sollte angestrebt, Trennendes aufgelöst, Isolation aufgehoben werden. Es kommt möglicherweise zu Missverständnissen und Spannungen, die aber mit versöhnlicher Haltung überwunden werden können. Wichtig ist, ehrlich zu sich selbst zu sein, seinen inneren Glauben zu bewahren oder wieder zu finden.

60. Dsië – Die Beschränkung

Das Urteil:

Beschränkung. Gelingen.

Bittere Beschränkung darf man nicht beharrlich üben.

Jetzt muss gespart und gut gewirtschaftet werden. Beschränkungen ermöglichen zielgerichtetes Vorwärtskommen. Maß halten in allen Lebensbereichen! Aber: Auch Einschränkungen sollten nicht übertrieben werden. Analyse und Rückzug sind hilfreich.

61. Dschung Fu – Innere Wahrheit

Das Urteil:

Innere Wahrheit. Schweine und Fische. Heil!

Fördernd ist es, das große Wasser zu durchqueren.

Fördernd ist Beharrlichkeit.

Tiefe Einsichten können entstehen. Verständnis und Vertrauen in Freundschaften werden sich einstellen. Es geht jetzt um die Wahrung der inneren Grundsätze und die unvoreingenommene Haltung den anderen gegenüber. Große Wirkungen sind mit kleinen Mitteln zu erzielen.

62. Siau Go – Des Kleinen Übergewicht

Das Urteil:

Des Kleinen Übergewicht. Gelingen.

Fördernd ist Beharrlichkeit.

Man mag kleine Dinge tun, man soll nicht große Dinge tun.

Der fliegende Vogel bringt die Botschaft:

Es ist nicht gut, nach oben zu streben,

es ist gut, unten zu bleiben. Großes Heil!

Es ist nicht die Zeit der großen Taten und Erfolge, innere Stärke und äußere Bescheidenheit sind gefragt. Maßlosigkeit und Überheblichkeit sind schädlich, Experimente sollten gemieden werden. Gewissenhaftigkeit wird mit Erfolg belohnt! Achtsamkeit ist wichtig.

63. Gi Dsi – Nach der Vollendung

Das Urteil:

Gelingen im Kleinen. Fördernd ist Beharrlichkeit.

Im Anfang Heil, am Ende Wirren.

Alles ist gut! Jetzt gilt es, das Gute zu wahren und zu mehren. Es ist wichtig, sich nicht auf dem Erfolg auszuruhen, sondern wahrzunehmen, dass alles seine Zeit hat. Wer jetzt gleichgültig ist, schädigt sich selbst. Eine vorausschauende Haltung ist sinnvoll.

64. We Dsi – Vor der Vollendung

Das Urteil:

Vor der Vollendung. Gelingen.

Wenn aber der kleine Fuchs,

wenn er beinahe den Übergang vollendet hat,

mit dem Schwanz ins Wasser kommt,

dann ist nichts, das fördernd wäre.

Das Ziel wird jetzt deutlich sichtbar, und es ist Behutsamkeit nötig, damit sich alles richtig fügt. Mit Geschick und Überblick gelingen die nächsten Schritte, aber die Wachsamkeit darf nicht nachlassen. Zwischenfälle sind nicht ausgeschlossen, darum: Augen auf!

Die neun Grundzahlen
Basisdeutung

Ergänzung zur Methode »Zahlenwerte«, Seite 60–61

Symbolik: Die Eins wird als Schöpfungsimpuls betrachtet, sie steht für Yang, also die männliche Energie als Initiative und Aktivität. Sie symbolisiert die Sonne, den Ursprung des Lebens, sie ist der Ausgangspunkt für alle Zahlen, da sie in jeder Zahl vorhanden, selbst aber unteilbarer Bestandteil ist.

Persönlichkeit: Einser-Menschen sind Führungspersönlichkeiten, die autark, mutig und selbstbewusst sind. Sie passen sich nicht gern an und bleiben niemals im Hintergrund. Manchmal sind sie Kämpfer für die Wahrheit, sie sind ehrgeizig, einsatzbereit, großzügig und verlässlich. Sie schließen schnell Freundschaften, bleiben aber trotzdem unabhängig. Unterordnen wird sich ein Einser nicht, er möchte respektiert werden. Der Einser weiß, was er will, er ist ein König oder eine Königin, niemals ein Untertan.

Ereignis: Gewinn, Sieg, Erfüllung und Wahrheit. Ein Ziel kann erreicht werden, Leistung wird anerkannt. Ein Tag der positiven Überraschungen. – Aber auch: Ein Sturz vom Thron, wenn man sich selbst überschätzt und auf Sand gebaut hat.

Symbolik: Die Zwei symbolisiert ursprünglich wertfrei das Andere, das Gegenüber, die Alternative, das Echo, die zweite Seite einer Medaille, beinhaltet aber auch Ambivalenz, Zweifel, das Dilemma. Ob Licht und Schatten, Yin und Yang, Tag und Nacht: Die Zwei beinhaltet beides. Sie ist die Teilung der Eins, und damit Ergänzung oder Gegenpol – je nach Blickwinkel.

Persönlichkeit: Zweier-Menschen sind empfindsam, friedliebend, haben Charme, Taktgefühl und erfassen die Dinge eher intuitiv. Sie sind nicht sonderlich risikofreudig, schlichten gern Streit, sind team- und familienorientiert, entfalten sich gern in Beziehungen. Zweier kennen Stimmungsschwankungen und Launen, sind manchmal sentimental und opfern sich im Extremfall für andere bis zur Selbstaufgabe auf. Sie lassen sich leicht ausnutzen, werden aber wütend, wenn es ihnen auffällt, und spüren dann die berühmten zwei Seelen in der Brust. Ein Zweier ist ein Diplomat, der beide Parteien versteht. Manchmal wäre es für ihn wichtig, sich selbst ernster zu nehmen.

Ereignis: Ein Tag für Begegnungen, günstige Angebote, Verhandlungen, Verträge, die Geschick erfordern, und natürlich auch für Romanzen und Flirt. – Aber auch: Ein Tag der Verunsicherung, wenn Misstrauen oder Lügen, Trennungsgespräche oder Streit im Spiel waren oder sind.

Symbolik: Die Drei gilt als göttlich, weil sie das Geheimnis der Lebenskraft in sich birgt. Alles Neue entsteht aus der Vereinigung von Gegensätzen, wie männlich/weiblich oder These/Antithese. Die Drei ist die Synthese, ein schöpferischer Akt. Die Dreifaltigkeit umfasst Vergangenheit, Gegenwart und Zukunft beziehungsweise Raum, Zeit und Kausalität. Die Drei steht für die höhere Erkenntnis und Wachstum.

Persönlichkeit: Dreier-Menschen sind dynamisch, vielseitig, erfindungsreich, optimistisch, gesellig. Sie sind aktiv und haben große Kraftreserven, mögen fruchtbare Auseinandersetzungen und sind gute Vermittler, die nicht nur um des lieben Friedens Willen eingreifen, sondern um die Erkenntnis voranzutreiben. Dreier-Menschen sind Glückspilze, sie sind gute Freunde, vielseitig und kreativ. Sie sind die, von denen man sich gern »eine Scheibe abschneiden« würde. Ihr Kommunikationstalent ist ausgeprägt, ihre Auffassungsgabe groß. – Es gibt aber auch die Sorte nervtötender Schlaumeier und Besserwisser, die das Ziel aus den Augen verliert und trotzdem weiter bewundert werden möchte.

Ereignis: Ein Tag, der gute Ergebnisse bringt oder ein freudiges Ereignis. Zuwachs auf unterschiedlichen Ebenen, Erkenntnis und erfolgreiche Gespräche und Verhandlungen. – Aber auch: Verletzungen und Angriffe, wenn im Vorfeld nicht umsichtig und fair gehandelt wurde.

Symbolik: Die Vier steht für die Wirklichkeit, das, was aus den vier Elementen Wasser, Erde, Luft und Feuer besteht. Vier strukturiert die zeitliche und räumliche Ordnung, beispielsweise die Jahreszeiten und Himmelsrichtungen. Quaternität ist ein Archetyp, der uns vieles selbstverständlich in vier Segmente gliedern lässt.

Persönlichkeit: Vierer-Menschen sind eigenwillig, beständig und geduldig, sehr zielsicher und einsatzbereit. Sie arbeiten geduldig auf ihre Ziele hin, wollen aber Erfolge sehen. Sie sind logisch und methodisch, oft ein bisschen stur und manchmal neidisch, weil andere das, was sie anstreben, scheinbar leichter erreichen. Vierer-Personen sind ideale Mitarbeiter. Sie setzen sich für den Vorgesetzten und die Firma ein, behalten den Überblick, auch wenn es kritisch wird, scheuen aber große Risiken. Hauptantrieb der Vierer ist das Streben nach Verwirklichung.

Ereignis: Ein Tag, der neue Aufgaben bringt, an dem etwas fertig wird. Es materialisiert sich etwas: Geld, Erfolg, ein Projekt, ein Auftrag. – Aber auch: Neid oder die Gefahr, dass die Dinge zu eng gesehen werden.

Symbolik: Die Fünf und auch der Fünfstern ist das Symbol des Menschen: fünf Sinne, fünf Finger, fünf Zehen. Die Fünf ist das, was über die vier Elemente hinausreicht, das Wesentliche, die Quintessenz des Daseins. Die Ambivalenz der Fünf liegt in dem dazukommenden Unsichtbaren, das nicht zu beweisen ist und damit jederzeit geleugnet werden kann. Glaube und Zweifel gehören zur Fünf.

Persönlichkeit: Fünfer-Menschen sind geistig wendig, rhetorisch begabt, sie argumentieren flexibel, klug und oft unschlagbar, sie sind charmant, fordernd, lebhaft und sehr anziehend für das andere Geschlecht. Sie sind gesellig, lieben gutes Essen und sinnliche Genüsse, sind von Freiheitsdrang beseelt, lassen sich nicht einschränken, sind manchmal sarkastisch, aber immer optimistisch und mitreißend. Fünfer-Menschen sind oft charismatische Redner und beeindruckende Schreiber.

Ereignis: Ein Tag für Genuss jeder Art! Eroberungen, Geselligkeit und Sinnlichkeit stehen im Vordergrund. – Aber auch: Das Übertreten von Regeln und die unangenehmen Folgen, wenn leichtsinnig Grenzen überschritten werden.

Symbolik: Die Sechs ist die gelungene Vereinigung der Gegensätze, sie steht für Vollkommenheit und Ganzheit. Der Mensch wurde am sechsten Schöpfungstag erschaffen. Pythagoras hielt die Sechs für die vollkommene Zahl, weil sie sowohl Summe als auch Produkt der ersten drei Zahlen ist (1+2+3=6 und

1×2×3=6). Auch im I Ging ist die Sechs zentral. Sechs Linien zeigen in 64 Variationen, wie Sonne und Mond, männlich und weiblich, Himmel und Erde einander gegenseitig durchdringen.

Persönlichkeit: Der Sechser-Mensch steht für Liebe, Einheit, Familie und Beständigkeit. Er ist zuverlässig, setzt sich für andere ein, folgt seinen Idealen, schätzt Traditionen und setzt auf Bewährtes. In Geldangelegenheiten hat er eine leichte Hand, aber ebenso das Talent, dadurch entstehende Probleme zu lösen. Der Sechser-Mensch schätzt Ordnung und Strukturen, er bewahrt Vertrautes. Er ordnet sich ungern unter, hat ein bemerkenswertes Selbstvertrauen. Sein Sinn für Ästhetik, sein Sinn für Harmonie suchen sich immer wieder neue Ausdrucksformen. Neuem gegenüber ist er nicht sonderlich aufgeschlossen, manchmal neigt er zur Selbstzufriedenheit.

Ereignis: Ein harmonischer Tag, der Entlastung bringen kann. Ein Tag, an dem Traditionen, Strukturen, aber auch Gesundheit und Ernährung eine Rolle spielen können. Ein Tag mit viel Energie. – Aber auch: Belastungen, wenn der Blickwinkel zu eng und die Haltung zu starr ist.

Symbolik: Die Sieben ist die Heilige Zahl, die sich aus der göttlichen Drei und der irdischen Vier ergibt und daher das Göttliche und Weltliche miteinander verbindet. Die Sieben steht für Vollständigkeit: Die Wochentage, die Tonleiter, die Farben des Regenbogens, der siebte Schöpfungstag zeigen dies an.

Persönlichkeit: Der Siebener-Mensch ist der Philosoph und Mystiker, der die Wahrheit hinter der Materie erfahren möchte. Er ist introvertiert, nachdenklich, reflektiert, kreativ und nicht sonderlich statusbezogen. Oberflächliche Allgemeinplätze langweilen die Siebener, sie sind gute Zuhörer, aber nicht immer leicht einzuordnen für das Umfeld. Sie sind sensibel, manchmal auch überempfindlich. Ihr Ideenreichtum führt immer wieder zu erstaunlichen Ergebnissen. Phantasie und Träume gehören zum unverzichtbaren Bestandteil dieses Typs. Wenn der Siebener-Mensch liebt, ist diese Liebe innig und tief, Freunden gegenüber ist er verständnisvoll und hilfsbereit. Siebener sind die geborenen Dichter, Denker, Gelehrten und Künstler.

Ereignis: Ein Tag der Eingebungen, Ideen, der Stille und des Rückzuges. Ein Tag für »Wunder« und Bezauberndes. – Aber auch: ein Tag, an dem man die Welt nicht versteht, wenn man nur rational und analytisch vorgeht.

Symbolik: Die Acht symbolisiert einen Neuanfang auf einer höheren Ebene, steht für Erneuerung und Regeneration. Die liegende Acht ist das Ewigkeitssymbol. Und für Pythagoras repräsentierte die Zahl die Gerechtigkeit, weil sie sich immer wieder in gleiche Teile zerlegen lässt. Die Acht zeigt Wandlung, ohne dass etwas verloren geht.

Persönlichkeit: Achter-Menschen sind Optimisten, Kämpfer, Strategen, Planer, und sie mögen den Erfolg. Die Achter setzen ihre Interessen durch und lassen sich dabei nicht immer in die Karten blicken. Sie durchschauen andere Menschen und nutzen diese Erkenntnis. Dabei nehmen sie nicht viel Rücksicht auf andere, sie wollen nach oben, und zwar schnell. Takt ist nicht ihre Stärke, der Achter ist direkt, kompromisslos und einsatzbereit. Ausdauer und Leistungsfähigkeit sind enorm, Achter lieben das Geld und den Erfolg, den sie aber nicht mehr wichtig nehmen, wenn er da ist. Dann zählt das nächste Ziel.

Ereignis: Ein Tag, an dem man Einfluss auf andere hat, Pläne durchsetzen und Aktionen in Gang setzen kann. – Aber auch: Ein Tag, an dem etwas endgültig scheitert, weil man zu sehr auf die eigenen Ziele konzentriert war.

Symbolik: Die Neun hat als Potenzierung der Drei stark religiöse Inhalte. Sie steht für Reifeprozesse und innere Sammlung. Sie spielt eine Rolle bei allen Einweihungsriten, Lehren der inneren Weisheit und des Rückzugs. Sie bleibt sich selbst treu, auch mathematisch: Was mit 9 multipliziert wird, ergibt im Ergebnis in der Quersumme immer wieder 9.

Persönlichkeit: Sensibilität, Verständnis und Intuition steuern die Neuner-Menschen. Sie sind voller Lebensfreude und geborene Optimisten, gleichzeitig sind sie ernsthafte Denker und können es zu großen Erfolgen bringen, wenn sie nicht nur in ihren Träumen stecken bleiben. Sie sind beliebt, tolerant und freiheitsliebend. Einengen lassen sie sich von niemand, eher ziehen sie weiter. Neuner sind die Weisen, die auch schwere Erfahrungen verarbeiten, ohne das hinauszuposaunen. Sie öffnen sich anderen Menschen nur langsam, wer aber ihr Herz gewinnt, hat einen lebenslangen Freund gefunden. Die Neuner sind Sinnsucher, sie arbeiten am liebsten selbständig und verantwortlich.

Ereignis: Ein Wunsch erfüllt sich, ein Gewinn stellt sich ein, ein Traum wird Wirklichkeit. Ein Tag, an dem eine Reise beginnt, eine Krankheit endet, oder wichtige Gespräche stattfinden, die neue Erkenntnisse bringen. – Aber auch: Abbruch einer Reise, eines Treffens, das Ende eines Traumes, eine negative Erfahrung, wenn zu viel erwartet und zu wenig realisiert wurde.

Würfeln
Ergebnisse und Basisdeutung

Ergänzung zur Methode auf Seite 66/67

1+1. Ein eindeutiges Ja! Zweifel hemmen in dieser Situation nur. Manöverkritik oder Alternativen sind nicht das Thema.

1+2. Die Zielsetzung sollte noch einmal überprüft werden. Geduld ist gefragt, trotz eventueller Hindernisse ist es nicht die Zeit aufzugeben!

1+3. Mit großer Sicherheit: Ja. Die Prognose ist außerordentlich günstig.

1+4. Es gibt noch ein paar Probleme, die aus dem Weg geräumt werden sollten. Jeden Planungsschritt überprüfen!

1+5. Trotz guter Voraussetzungen scheinen die Bedenken und Zweifel zu überwiegen. Zielsetzung und Vorstellungen noch einmal überarbeiten. Kann das angestrebte Ziel wirklich vertreten werden?

1+6. Ja – sofern die Bereitschaft besteht, großen Einsatz zu bringen. Der Erfolg ergibt sich nicht automatisch. Der entscheidende Beitrag liegt auf der Seite des Fragestellers. Nicht zu früh mit Erfolgsprognosen nach außen gehen!

2+2. Ja, obwohl es momentan nicht so aussieht. Die Situation kann sich über Nacht ändern, also abwarten, was sich ergibt! Nicht frühzeitig aufgeben, Ruhe bewahren!

2+3. Das sieht nicht nach einem glatten Durchgang aus, auch wenn die Lage momentan anders eingeschätzt wird. Es kann ein Störer von außen kommen, die Planung sollte noch einmal genau überprüft werden.

2+4. Vertrauen ist gefragt, zu viele Zweifel wirken kontraproduktiv in dieser Situation.

2+5. Wenn Probleme auftauchen, liefert eine Person aus dem Umfeld vielleicht die Lösung. Offen ansprechen, Ratschläge annehmen!

2+6. Der Erfolg wird kommen. Arbeit steht an, Hoffen allein bewegt nichts. Die Planung könnte noch einmal präzisiert, das Engagement verstärkt werden.

3+3. Es wird sich kurzfristig etwas verändern im Zusammenhang mit der Frage. Besonnen reagieren und auf Kleinigkeiten achten!

3+4. Es ist zu früh für eine Entscheidung.

3+5. Erstens kommt es anders und zweitens, als man denkt. Die Lage ist unklar, das Projekt noch nicht ganz ausgereift. Es ist noch viel zu tun.

3+6. Es sieht gut aus, eventuell wird sich in ein paar Monaten eine völlig andere Perspektive eröffnen. Zeit einplanen und sich von niemandem unter Druck setzen lassen!

4+4. Gibt es Gegner des Projekts? Entschlossenheit, Mut und sehr viel Geduld sind wichtig.

4+5. Die Frage kann noch nicht endgültig beantwortet werden. Es sind noch Unklarheiten vorhanden. Klug taktieren und nicht vorzeitig aufgeben, falls sich der Erfolg nicht umgehend einstellt.

4+6. Es gibt noch Unsicherheiten, die aber keine großen Konsequenzen haben werden. Fehlt es vielleicht an Zuversicht?

5+5. Der Fragesteller ist der Dreh- und Angelpunkt. Im Umfeld scheint alles in Ordnung zu sein. Der eigene Standpunkt kann gelassen vertreten werden! Zuversicht ist wichtig für das Erreichen des Ziels.

5+6. Es kann sein, dass bei dem Projekt noch etwas Unvorhergesehenes dazwischenkommt und dass Verzögerungen eintreten. Die Chancen stehen trotzdem gut. Überblick behalten und vorschnelle Erfolgsmeldungen vermeiden!

6+6. Glückwunsch! Besser kann die Prognose nicht sein.

The Day after
Enscheidungstagebuch

Ergänzung zur Methode auf Seite 92/93

Wer seine Entscheidungsmechanismen kennt, entscheidet souverän. Notizen über Entscheidungslagen, Entscheidungen und tatsächliche Ergebnisse helfen dabei, Stärken und Schwächen klar zu erkennen – und Entscheidungsprofi zu werden.

Die Liste auf den folgenden Seiten kann der Einstieg in das eigene Entscheidungstagebuch sein. Anhaltspunkte sind die folgenden Fragen:

• Was war das Entscheidungsthema?
• Zielsetzung: erreicht? übertroffen? verfehlt?
• Entscheidungszeitpunkt: gut? zu früh? zu spät?
• Prioritäten: richtig gesetzt? falsch gesehen?
• Eigene Position: gut vertreten? geschwächt?
• Eigene Fähigkeiten: optimal genutzt? verbesserungswürdig?
• Was war der Joker? Gab es Querschläger?
• Wie würde die Entscheidung heute aussehen?

Entscheidungsthema...

Zielsetzung	
Zeitpunkt / Prioritäten	
Position / Fähigkeiten	
Joker / Querschläger	
Entscheidung heute	

Entscheidungsthema ....

Zielsetzung	
Zeitpunkt / Prioritäten	
Position / Fähigkeiten	
Joker / Querschläger	
Entscheidung heute	

Entscheidungsthema ....

Zielsetzung	
Zeitpunkt / Prioritäten	
Position / Fähigkeiten	
Joker / Querschläger	
Entscheidung heute	

Entscheidungsthema ....

Zielsetzung	
Zeitpunkt / Prioritäten	
Position / Fähigkeiten	
Joker / Querschläger	
Entscheidung heute	

Entscheidungsthema ....

Zielsetzung	
Zeitpunkt / Prioritäten	
Position / Fähigkeiten	
Joker / Querschläger	
Entscheidung heute	

Entscheidungsthema ....

Zielsetzung	
Zeitpunkt / Prioritäten	
Position / Fähigkeiten	
Joker / Querschläger	
Entscheidung heute	

Entscheidungsthema ....

Zielsetzung	
Zeitpunkt / Prioritäten	
Position / Fähigkeiten	
Joker / Querschläger	
Entscheidung heute	

66 Fragen
Vollständiger Test und Auflösung

Ergänzung zur Methode auf Seite 94/95

Kreuzen Sie die Antworten an, die Ihrer Meinung am ehesten entsprechen. Denken Sie nicht lange nach, sondern geben Sie die Antworten spontan. Wenn Sie eine Frage nicht eindeutig beantworten können oder Ihre Antwort »dazwischen« liegt, kreuzen Sie »teils, teils« oder »unsicher« an.

1. Gleiches Gehalt vorausgesetzt, wäre ich lieber
   a) Chemiker im Labor
   b) unsicher
   c) Manager im Hotel

2. Ich halte viel von dem Satz »Erst die Arbeit, dann das Vergnügen«.
   a) stimmt
   b) teils, teils
   c) stimmt nicht

3. Ich arbeite lieber
   a) mit Zahlen und Statistiken
   b) unsicher
   c) mit Menschen zusammen

4. Karriere ist nicht alles im Leben.
   a) stimmt
   b) teils, teils
   c) stimmt nicht

5. Ich vermeide es, mich mit Leuten rumzustreiten.
   a) ja
   b) manchmal
   c) nein

6. Wenn Leute mit Moral argumentieren, regt mich das auf.
   a) stimmt
   b) teils, teils
   c) stimmt nicht

7. In unserer Wirtschaftsordnung sollte im Prinzip alles so bleiben, wie es ist.
   a) stimmt
   b) teils, teils
   c) stimmt nicht

8. Lieber ein ganz sicherer Arbeitsplatz mit festem, sicheren Gehalt, als das Gegenteil.
   a) stimmt
   b) teils, teils
   c) stimmt nicht

9. Wenn andere die Köpfe zusammenstecken und tuscheln, denke ich, dass sie schlecht über mich reden könnten.
   a) stimmt
   b) teils, teils
   c) stimmt nicht

10. Ich denke, dass ich Herausforderungen mutig begegne.
   a) ja, meistens
   b) manchmal
   c) sehr selten

11. Mit einer schweren Krankheit im Bett liegend …
   a) versuche ich, die Zeit als Urlaub zu genießen
   b) teils, teils
   c) mache ich mir Gedanken über die liegen bleibende Arbeit

12. Ich fühle mich öfters einsam.
   a) stimmt
   b) teils, teils
   c) stimmt nicht

13. Nachts habe ich bisweilen schlechte Träume.
   a) stimmt
   b) teils, teils
   c) stimmt nicht

14. Ich lese lieber ein gutes Buch, als mich mit anderen angeregt zu unterhalten.
   a) stimmt
   b) teils, teils
   c) stimmt nicht

15. Wenn andere erfolgreich sind, kann ich sie schon ein bisschen beneiden.
   a) stimmt
   b) teils, teils
   c) stimmt nicht

16. Wenn jemand es verdient, kann ich sehr spöttisch sein.
   a) im Allgemeinen ja
   b) manchmal
   c) nie

17. Wenn jemand besonders freundlich zu mir ist, frage ich mich schnell, warum – und was möglicherweise dahintersteckt.
   a) stimmt
   b) teils, teils
   c) stimmt nicht

18. Auch kleinere Experimente können ein schwer kalkulierbares Risiko beinhalten.
   a) stimmt meistens
   b) teils, teils
   c) stimmt selten

19. Ich glaube nicht, dass mir jemand wirklich Schwierigkeiten wünscht.
   a) stimmt
   b) teils, teils
   c) stimmt nicht

20. Jemandem, der mein Vertrauen enttäuscht …
   a) bin ich sehr böse
   b) teils, teils
   c) kann ich recht schnell wieder verzeihen

21. Ich habe Qualitäten, die mich vielen anderen überlegen machen.
   a) stimmt
   b) unsicher
   c) stimmt nicht

22. Es ist mir unangenehm, andere in Verlegenheit zu bringen.
   a) stimmt
   b) teils, teils
   c) stimmt nicht

23. Ich möchte im Leben vorankommen.
   a) stimmt
   b) teils teils
   c) stimmt nicht

24. Wenn ich mit mehreren Menschen im Fahrstuhl fahre, beschleicht mich ein unangenehmes Gefühl.
   a) stimmt
   b) teils, teils
   c) stimmt nicht

25. Wenn ich ins Bett gehe, kann ich gut einschlafen.
   a) stimmt
   b) teils, teils
   c) stimmt nicht

26. Es passiert mir häufiger, dass ich die Arbeit anderer kritisiere.
   a) stimmt
   b) teils, teils
   c) stimmt nicht

27. Die Welt braucht zur Orientierung mehr ...
   a) Beständigkeit und Verlässlichkeit
   b) unsicher
   c) Ideale und Utopien

28. Nur aus Angst vor Strafe verhalten sich die meisten Menschen korrekt.
   a) stimmt
   b) teils, teils
   c) stimmt nicht

29. Als Kind war ich selten anderer Meinung, als meine Eltern.
   a) stimmt
   b) teils, teils
   c) stimmt nicht

30. Im Straßenverkehr lasse ich mich nicht unterkriegen.
   a) stimmt
   b) teils, teils
   c) stimmt nicht

31. Jemanden, der schlecht über mich redet …
   a) lasse ich links liegen
   b) unsicher
   c) versuche ich zu ertappen und zur Rede zu stellen

32. Oft fällt es mir schwer, angefangene Arbeiten auch zu vollenden.
   a) stimmt
   b) teils, teils
   c) stimmt nicht

33. Es macht mir Spaß, mit anderen Leuten zu reden.
   a) stimmt
   b) teils, teils
   c) stimmt nicht

34. Bei gleichem Gehalt wäre ich lieber …
   a) Lehrer
   b) unsicher
   c) Förster

35. Bei mir läuft manches schief.
   a) oft
   b) manchmal
   c) selten

36. Tagträumereien kenne ich bei mir nicht.
   a) stimmt
   b) teils, teils
   c) stimmt nicht

37. Ziele, die ich mir gesetzt habe, erreiche ich fast immer.
   a) stimmt
   b) teils, teils
   c) stimmt nicht

38. Bei gleicher Arbeitszeit und Gehalt wäre ich in einem guten Restaurant lieber ...
   a) Kellner
   b) unsicher
   c) Koch

39. In einer Fabrik wäre ich gern verantwortlich für ...
   a) den Maschinenpark
   b) unsicher
   c) die Personalabteilung

40. Das ganze Jahr über freue ich mich auf meinen Urlaub.
   a) stimmt
   b) teils, teils
   c) stimmt nicht

41. Lieber schreibe ich in einer schwierigen Situation einen Brief, als ein Telefonat zu führen.
   a) stimmt
   b) teils, teils
   c) stimmt nicht

42. Am liebsten gehe ich in allen Dingen meine eigenen Wege.
   a) stimmt
   b) teils, teils
   c) stimmt nicht

43. Wer viel lächelt, meint es oft nicht gut.
   a) stimmt
   b) teils, teils
   c) stimmt nicht

44. Ein unaufgeräumter Schreibtisch stellt für mich und meinen Ordnungssinn eine Herausforderung dar.
   a) stimmt
   b) teils, teils
   c) stimmt nicht

45. Einen besonders ausgefallenen Wunsch zu äußern fällt mir schwer.
   a) stimmt
   b) teils, teils
   c) stimmt nicht

46. Das Sprichwort »Lieber den Spatz in der Hand, als die Taube auf dem Dach« ist für meine Einstellung zum Leben …
   a) zutreffend
   b) unsicher
   c) unzutreffend

47. Wenn Leute freundlich zu mir sind, habe ich den Verdacht, dass sie hinter meinem Rücken schlecht über mich reden.
   a) stimmt
   b) teils, teils
   c) stimmt nicht

48. Wenn mir im Restaurant das Essen nicht schmeckt, fällt es mir schwer, es beim Kellner zu reklamieren.
   a) stimmt
   b) teils, teils
   c) stimmt nicht

49. Das Sprichwort »Was der Bauer nicht kennt, isst er nicht« gilt für mich.
   a) stimmt
   b) teils, teils
   c) stimmt nicht

50. Ich bin eher dafür, dass man bei Problemlösungen …
   a) auf bewährte Methoden zurückgreift
   b) teils, teils
   c) neue Wege und Vorschläge ausprobiert

51. Bei einer wichtigen Arbeit lasse ich mich nicht gern unterbrechen.
   a) stimmt
   b) teils, teils
   c) stimmt nicht

52. Wenn ich eine große Geldsumme für wohltätige Zwecke zur Verfügung hätte, würde ich ...
   a) den vollen Betrag an die Kirche spenden
   b) jedem die Hälfte geben
   c) den vollen Betrag für die Wissenschaft spenden

53. Wenn das Wetter sich verändert, spüre ich die Auswirkungen auf meine Arbeitsleistung und Stimmung.
   a) zutreffend
   b) gelegentlich
   c) unzutreffend

54. Ich bin lieber für mich allein als mit anderen zusammen.
   a) stimmt
   b) teils, teils
   c) stimmt nicht

55. Ich bin selten krank.
   a) stimmt
   b) teils, teils
   c) stimmt nicht

56. Oft denke ich über die Möglichkeiten nach, wie man die Gesellschaft verändern müsste, damit alles besser funktioniert.
   a) stimmt
   b) teils, teils
   c) stimmt nicht

57. Wenn ich im Kaufhaus nicht so bedient werde, wie ich es für angemessen halte, dann lasse ich – wenn nötig – den Abteilungsleiter rufen.
   a) stimmt
   b) teils, teils
   c) stimmt nicht

58. Hätte ich mein Leben noch einmal vor mir, würde ich …
   a) es ganz anders planen
   b) ich weiß nicht
   c) es mir ziemlich genauso wünschen

59. Ich bin für eine gewissenhafte Ordnung und Planung bei der Arbeit.
   a) stimmt
   b) teils, teils
   c) stimmt nicht

60. Ich neige zu Stimmungsschwankungen.
   a) stimmt
   b) gelegentlich
   c) stimmt nicht

61. Mir geht im Leben manches daneben.
   a) selten
   b) manchmal
   c) oft

62. Oft leide ich unter einem Gefühl des Alleinseins.
   a) stimmt
   b) teils, teils
   c) stimmt nicht

63. Der berufliche Aufstieg ist nicht das Wichtigste im Leben.
   a) stimmt
   b) teils, teils
   c) stimmt nicht

64. Ich streite nicht gern mit anderen Menschen.
   a) stimmt
   b) teils, teils
   c) stimmt nicht

65. Öfter kann ich an den Leistungen anderer kein gutes Haar lassen.
   a) stimmt
   b) teils, teils
   c) stimmt nicht

66. Am System der Sozialen Marktwirtschaft gibt es viel zu reformieren.
   a) stimmt
   b) teils. teils
   c) stimmt nicht

Tabelle 1 : Punkteschema Persönlichkeitstest

Frage	Persönlichkeitsmerkmal	a	b	c
1	Kontakt	2	1	0
2	Leistung	0	1	2
3	Kontakt	2	1	0
4	Leistung	2	1	0
5	Durchsetzung	2	1	0
6	Vertrauen	2	1	0
7	Veränderung	2	1	0
8	Veränderung	2	1	0
9	Vertrauen	2	1	0
10	Durchsetzung	0	1	2
11	Leistung	2	1	0
12	Kontakt	2	1	0
13	Ausgeglichenheit	2	1	0
14	Kontakt	2	1	0
15	Leistung	2	1	0
16	Durchsetzung	0	1	2
17	Vertrauen	2	1	0
18	Veränderung	2	1	0
19	Vertrauen	0	1	2
20	Vertrauen	2	1	0
21	Durchsetzung	0	1	2
22	Durchsetzung	2	1	0
23	Leistung	0	1	2
24	Ausgeglichenheit	2	1	0
25	Ausgeglichenheit	0	1	2
26	Vertrauen	2	1	0
27	Veränderung	2	1	0
28	Vertrauen	2	1	0
29	Veränderung	2	1	0

Tabelle 1 (Fortsetzung): Punkteschema Persönlichkeitstest

Frage	Persönlichkeitsmerkmal	a	b	c
30	Durchsetzung	0	1	2
31	Vertrauen	0	1	2
32	Leistung	2	1	0
33	Kontakt	0	1	2
34	Kontakt	0	1	2
35	Ausgeglichenheit	2	1	0
36	Ausgeglichenheit	0	1	2
37	Ausgeglichenheit	0	1	2
38	Kontakt	0	1	2
39	Kontakt	2	1	0
40	Leistung	2	1	0
41	Kontakt	2	1	0
42	Durchsetzung	0	1	2
43	Vertrauen	2	1	0
44	Leistung	0	1	2
45	Durchsetzung	2	1	0
46	Veränderung	2	1	0
47	Vertrauen	2	1	0
48	Durchsetzung	2	1	0
49	Veränderung	2	1	0
50	Veränderung	2	1	0
51	Leistung	0	1	2
52	Veränderung	2	1	0
53	Ausgeglichenheit	2	1	0
54	Kontakt	2	1	0
55	Ausgeglichenheit	0	1	2
56	Veränderung	0	1	2
57	Durchsetzung	0	1	2
58	Ausgeglichenheit	2	1	0
59	Leistung	0	1	2
60	Ausgeglichenheit	2	1	0
61	Ausgeglichenheit	0	1	2
62	Kontakt	2	1	0
63	Leistung	2	1	0

Tabelle 1 (Fortsetzung): Punkteschema Persönlichkeitstest

Frage	Persönlichkeitsmerkmal	a	b	c
64	Durchsetzung	2	1	0
65	Vertrauen	2	1	0
66	Veränderung	0	1	2

In der folgenden Tabelle werden die Punktwerte der jeweiligen Fragen geordnet nach Persönlichkeitsmerkmalen eingetragen und in der unteren Spalte addiert.

Tabelle 2: Punkte pro Merkmal

Kontakt	Leistung	Durch-setzung	Vertrauen	Ausge-glichenheit	Verände-rung
1	2	5	6	13	7
3	4	10	9	24	8
12	11	16	17	25	18
14	15	21	19	35	27
33	23	22	20	36	29
34	32	30	26	37	46
38	40	42	28	53	49
39	44	45	31	54	50
41	51	48	43	58	52
54	59	57	47	60	56
62	63	64	65	61	66

Pro Persönlichkeitsmerkmal wird ein Punktwert zwischen 0 und 20 erreicht. Die entsprechenden Werte werden in die Tabelle 3 übertragen. Sie können nun zu einer Kurve verbunden werden, die auf einen Blick Aufschluss über die persönliche Gewichtung gibt, Stärken und Schwächen zeigt.

Tabelle 3: Kurvenprofil

	1	2	3	4	5	6	7	8	9	10	11	12	13	14	16	16	17	18	19	20	
Kontakt-fähigkeit																					Kontakt-unfähigkeit
Leistungs-bereitschaft																					Leistungs-vermeidung
Durchsetzungs-bereitschaft																					Unterordnungs-bereitschaft
Vertrauens-bereitschaft																					Misstrauens-bereitschaft
Ausgeglichen-heit																					Unausgeglichen-heit
Veränderungs-bereitschaft																					Sicherheits-denken

Beispiel: Ein besonders kontaktfreudiger Mensch arbeitet im Idealfall eher mit Menschen als mit Zahlen, beispielsweise als Lehrer, Hotelmanager, Außendienstler oder Reiseführer. Wer sich als außerordentlich kontaktorientiert beschreibt, sammelt vielleicht 20 Punkte, riskiert aber damit eine Charakterisierung als kontaktsüchtig. Das ist das eine Extrem. Das andere Extrem: der kontaktvermeidende oder kontaktgestörte Mensch. Er wäre in einem Unternehmen lieber für die Maschinen und nicht für das Personal verantwortlich.

Literaturtipps

Die aktuelle Methode des lateralen Denkers:

Edward De Bono
Bewerten. Beurteilen. Entscheiden
Wie Sie Ideen, Projekte und Strategien besser einschätzen können
Frankfurt am Main / Wien 2004, ISBN 3-8323-1064-9

Im Einklang mit den eigenen Entscheidungen:

Maja Storch
Das Geheimnis kluger Entscheidungen
Von somatischen Markern, Bauchgefühl und Überzeugungskraft
Zürich 2003, ISBN 3-85842-557-5

Das Buch des Mind-Map-Erfinders, der Klassiker in Neuauflage:

Tony Buzan
Das Mind Map Buch
Die beste Methode zur Steigerung Ihres geistigen Potenzials
Frankfurt am Main 2002, ISBN 3-478-71731-0

Das alchemistische Prinzip der Wirtschaft:

Hans Christoph Binswanger
Geld und Magie
Eine ökonomische Deutung von Goethes Faust
Hamburg 2005, ISBN 3-938017-25-2

Das Standardwerk zum Thema Denkfehler:

Dietrich Dörner
Die Logik des Misslingens
Strategisches Denken in komplexen Situationen
Reinbek 2003, ISBN 3-499-61578-9

Über die Urbilder menschlicher Vorstellungen:

Carl Gustav Jung
Archetypen
München 2001, ISBN 3-423-35175-6

Die epochale Übersetzung des chinesischen Weisheitsbuches:

I Ging
Das Buch der Wandlungen
aus dem Chinesischen übertragen von Richard Wilhelm
München 2003, ISBN 3-7205-2475-2

Über die Autorin

Eva-Christiane Wetterer ist freie Autorin und Werbetexterin. Sie hat für Markenartikler, mittelständische Unternehmen und den Tante-Emma-Laden an der Ecke geschrieben, ein Feriencamp für Kinder gegründet, lebt in Hamburg, hat zwei Kinder, eine schwarze Katze und liebt Sylt.

Bisher sind von Eva-Christiane Wetterer die Romane *Helden* und *Die Dritte Seite des Mondes* erschienen.

Ihr persönlicher Leitsatz ist: Wenn Deine Pfeile verschossen sind, und Dein Bogen gebrochen, dann ziele mit Deinem ganzen Wesen.

ECW dankt CW

MURMANN SELBSTMANAGEMENT

Reiner Neumann / Alexander Ross
Der perfekte Auftritt
214 Seiten, ISBN 3-938017-09-0

Reiner Neumann und Alexander Ross beschreiben süffisant und ironisch in welche vielfältigen Rhetorik-Fallen man geraten kann. Besonders anschaulich wird dies anhand von aktuellen Beispielen, in denen Manager und Personen des Öffentlichen Lebens in letzter Zeit durch wenig gelungene Auftritte und unangemessene Formulierungen aufgefallen sind. Doch dabei belassen sie es nicht. Mit praktischen Tipps und Kniffen helfen sie uns aus den Fallgruben heraus und zeigen auf, wie diese künftig gekonnt zu umgehen sind. Lassen Sie sich von Unglücksraben, Fettnäpfchentretern und Rednern um Kopf und Kragen den Weg weisen, wie Sie es anders machen können, wenn es für Sie darauf ankommt: nämlich besser.

»Neumann/Ross beherrschen den süffisanten, oft lästerlichen und ironischen Ton. Weil sie sich selbst nicht so wichtig nehmen und den behandelten Stoff als nicht zu schwer erachten, macht die Lektüre Spaß.« *Handelsblatt*

»Das Buch hebt sich wohltuend aus der Masse der Ratgeberliteratur heraus. Hier wird nicht langatmig und besserwissend doziert, wie man sich präsentieren soll. Vielmehr zeigen die Autoren anhand einer Fülle von Beispielen in der Tradition von Kurt Tucholsky (»Ratschläge für einen schlechten Redner«), wie besser nicht: Das Sündenregister reicht von Ackermann bis Mehdorn, von Fischer bis Rumsfeld. Der Verlag wirbt mit dem Attribut »böses Buch«. Richtig und gerade deshalb überdurchschnittlich lehrreich.«
Frankfurter Allgemeine Zeitung

MURMANN